Regina Kantelberg

Die schwersten Stunden des Tages

Notizen Herbst 2018 bis Juli 2021

Dies ist der dritte Band der Gedanken und Erinnerungen von Regina Kantelberg.

Der erste Band ist 2017 unter dem Titel „KINDESRAUB – Autobiographische Skizzen eines ehemaligen Heimkindes" erschienen, der zweite Band 2019 unter dem Titel „ZUFLUCHTSORT HEIMLADEN – Tagebuch einer ehrenamtlichen Mitarbeiterin der Berliner Anlauf- und Beratungsstelle für ehemalige Heimkinder".

Diese Bücher können zum Preis von 7,00 € + Versandkosten beim Projekt UNSER HAUS des Vereins Anlauf- und Beratungsstelle für Menschen mit Heimerfahrung, Pettenkoferstraße 32, 10247 Berlin, bestellt werden.

Impressum
Herausgeber: Projekt „UNSER HAUS"
des Vereins Anlauf- und Beratungsstelle
für Menschen mit Heimerfahrung e.V.
www.heimerfahrung.berlin
© ABH e.V.

ISBN 9783754397640

Herstellung und Verlag: BoD – Books on Demand, Norderstedt

Titel-Layout: H. Scherer unter Verwendung eines Originalgemäldes von Regina Kantelberg
Berlin, August 2021

VORWORT

Die beiden ersten Bücher von Regina Kantelberg waren aus Abschriften von Texten entstanden, die sie auf ein Diktiergerät gesprochen hat. Dies Buch ist anders. Diesmal handelt es sich um Texte, die Regina Kantelberg selbst geschrieben hat, anfangs handschriftlich, später am PC. Auch diese Texte sind wieder behutsam bearbeitet worden, um ihre Lesbarkeit zu erhöhen.

Die Autorin hat ihre Art zu schreiben selbst so beschrieben: „Eigentlich schreibe ikk jerne, nur das ikk nicht wees, wo Komma, Bindestrich, Punkt usw. jesetzt wird. Am liebsten schreibe ikk eenfach drufflos so wie meene Jedanken fließen". Und so ist jetzt ein Buch entstanden, das wie ein großer innerer Monolog zu lesen ist. Es ist eine Mischung aus Tagebuch, biographischen Erinnerungen, aktuellen Reflexionen und (insbesondere in den Passagen, die am PC geschrieben sind) Auseinandersetzung mit Gedanken und Gedankenfetzen, die die Autorin in Internetquellen gefunden hat.

In ihren Originalmanuskripten sind diese „Fremdtexte" nicht besonders hervorgehoben und die Quellen auch nicht angegeben worden. Der Bearbeiter und Herausgeber der Texte hat sich darum bemüht, die Quellen zu finden, und er hat die entsprechenden Textpassagen durch Hervorhebung kenntlich gemacht.

Eine Besonderheit dieses Buches besteht auch darin, dass die Texte nach dem Tod der Autorin zusammengefasst und bearbeitet wurden. Anders als die Texte in den ersten beiden Büchern konnten sie deswegen von ihr nicht mehr selbst abschließend durchge-

sehen und autorisiert werden. Das hat z.B. dazu geführt, dass einige Passagen, die sonst wahrscheinlich noch „geglättet" worden wären, kryptisch und manchmal auch in sich widersprüchlich geblieben sind. Manchen Sätzen tut es aber auch sehr gut, dass sie in ungewöhnlicher starker Ausdrucksweise ungeschliffene Rohdiamanten geblieben sind.

Dem Charakter eines inneren Monologes entspricht es, dass die Gedanken – auch mit einigen Wiederholungen – immer wieder um ein paar zentrale Themen kreisen: Tod, Schmerz, Gesundheit, Wohnen, Trauma, Corona, Träume, Freiheit, Liebe, Vertrauen – und das Projekt UNSER HAUS, den „Heimladen", der für die Autorin in den letzten Jahren ein wichtiges Stück Heimat geworden ist.

Indem uns die Autorin mit in ihre innere Gedankenwelt nimmt, lässt sie uns wichtige Erkenntnisse darüber gewinnen, welche Spätfolgen traumatische Erfahrungen in Kindheit und Jugend für das ganze weitere Leben haben können, aber sie lässt uns auch ahnen, welche Auswirkungen bestimmte Handlungen, Unterlassungen oder Haltungen der unterschiedlichen „Helfersysteme" haben können. In dieser Hinsicht kann das Buch sogar wie ein Lehrbuch genutzt werden.

Wir können in ihm aber auch Warnsignale entdecken, wenn wir merken, wie bei dieser so sanften, sensiblen und friedfertigen Frau phasenweise aus Ohnmacht und Verzweiflung ungerechte Verallgemeinerungen, Wut und Gewaltphantasien entstehen können.

Herbert Scherer

Das dritte Buch erzählt davon, in was für schlechten und schwierigsten Zeiten wir uns befinden. Wo vieles von der Kindheit sich wiederholt. Bei mir ist es so. Ich habe eigentlich alles schon begraben, aber trotzdem bricht die Erinnerung hervor. Zwar pflege ich dieses Grab nicht, ich lasse es verwildern und verrotten, aber es wird so lange existieren, bis der Tod uns scheidet.

Herbst 2018 *(noch in der eigenen Wohnung)*

Es ist schwer, mit dem Schreiben zu beginnen. Die Seele macht da nicht mit, sie weigert sich, etwas zu sagen. Sie möchte in Ruhe gelassen werden. Also mache ich erst noch einmal Schluss. Immer die Verbesserung. Komme in Angst und Panik. Was sage ich bloß? Na ja, später!

Gehe in die Küche, mache mir einen Kaffee, denn das Wetter ist heute gut und meiner Luft geht es gut. Kann den Balkon benutzen. Meine Katzen drängeln, wollen raus auf den Balkon. Ich sage, Mutti kommt gleich.

Endlich ist der Kaffee fertig. Balkontür auf, beide Katzen stürmen raus. Fressen ihr Gras. Immer habe ich den Gedanken, was mache ich, wenn ich sie nicht mehr bei mir habe. Wegen meiner Krankheit. Können sie, wenn ich nicht mehr da bin, jemand anders so lieben, wie sie mich lieben?

Als Kind, da war ich 12 Jahre alt, bekam ich das erste Mal meine Tage. Im Heim sagte man dazu: Besuch von

Tante Rotenburg. Meine Brüste wuchsen. Ich wusste nicht, wie mir geschah. Ich blute. Es schmerzt. Ich erzählte einer Erzieherin: „Ich blute unten". Peinlich. Sie sagte: „Es ist gut so, so bekommst du später Kinder." Dann klatschte sie in die Hände und sagte: „Ab an die Arbeit!". Als wir den Fußmarsch zum Kartoffelfeld machten, fand ich eine Pusteblume. Ich pflückte sie ab, obwohl es verboten war, Blumen zu pflücken. Ich nahm sie an mich, guckte sie gespannt an und pustete kräftig. Ich sah zu, wie die einzelnen Teile Richtung Wind und Himmel flogen. Wie schön sie flogen. Ich dachte, ach, könnte ich mit den Blüten mitfliegen in Richtung Freiheit, Himmel und Bäume. Beim Kartoffelernten schmerzten meine Schenkel und ich blutete ganz doll. Die Erzieherin schrie mich an: „Arbeiten, aber zackig!". Die Pusteblume, die in die Freiheit flog, ging mir nicht aus dem Kopf. Ich war traurig. Ich liebte die Phantasie von der Freiheit. Der Gedanke war nicht ermutigend, weil es diese edle Freiheit für mich nicht gab. Warst du erstmal im Heim, wirst du die Foltern, Ketten und den Kerker niemals los. Bis zum Tod wird dich das begleiten. Der Tod ist für mich die Freiheit. Als ich von der Feldarbeit zurückkam, rief mich der Heimleiter in sein Büro. Ich hatte Angst, weil ich ihn nicht mochte. Ich dachte, was habe ich denn nun wieder verbrochen. Puh, hatte ich Angst. Er sagte zu mir, er hätte gehört, dass ich meine Blutung bekommen hätte und ich sollte meine Brüste zeigen. Nun würde ich eine Frau, er fasste meine Brüste an und sagte: „Die werden noch größer und schöner!" Es war schrecklich für mich, weil ich keine Ahnung hatte, was das alles bedeutete. Er sagte: „Ich werde dir Strickbinden mitgeben, die musst du zwischen die Schenkel nehmen. Wenn die mit Blut voll sind, musst du sie einweichen und mit Kernseife waschen, bis sie weiß sind." Für mich brach eine Welt zusammen. Diesen Ekel an meiner Brust spüre ich bis heute. Wenn ich dusche, wasche ich von meinem Körper nichts so gründlich wie meine Brust.

03.10.2018

Eine schöne Vorstellung. Heute ist der 3. Oktober. Der Tag der deutschen Einheit. Ich muss an den Mauerfall denken. An diesem Tag lässt mich meine Erinnerung immer wieder das erleben, was ich damals erlebt habe. Als es die Passierscheine gab und ich in den Osten durfte, um meine Verwandten zu besuchen, freute ich mich darüber. Ich konnte Tanten, Onkel und Neffen besuchen. Eine davon war Tante Grete. Sie las gerne Groschenromane. Sie fragte mich, ob ich ihr welche mitbringen könnte. „Ja", sagte ich, „ich werde sie am Körper verstecken." Eines Tages fuhr ich zum Bahnhof Zoo und holte mir den Passierschein ab. Ich hatte große Angst vor diesem Raum. Ein großer runder Tisch, und alle saßen da wie bei der Stasi. Mein Herz schlug bis zum Hals. Ich reichte ihnen meinen Ausweis, bekam den Schein und einen Stempel. Fertig. Endlich raus in die Freiheit, ich holte Luft. Ich zitterte noch immer am ganzen Körper, ging dann zu Hertie, trank eine Tasse Kaffee und vergaß das alles. Nach vier Wochen war es soweit. Ich machte mich auf den Weg nach Köpenick. Die Groschenromane hatte ich am Körper angeheftet. Unterhose, B.H. und Straps saßen alle fest, und beim Laufen rutschte nichts. Es scheuerte nur ein bisschen. Da musste ich durch. In der Friedrichstraße angekommen. Schlange stehen. Jetzt war ich an der Reihe. Wieder schlug mein Herz bis zum Hals. Der Mann am Schalter guckte in meinen Ausweis, guckte mich von links und rechts an und dann ins Gesicht. Ekelhafter Typ. Dann griff er zum Telefon und rief jemand an. Es kamen zwei Soldaten: „Mitkommen!" Am liebsten hätte ich geschrien und gleichzeitig in die Hose gemacht, so groß war die Angst. Auweia, was nun? Sie gingen mit mir in einen Raum. Tisch, Stuhl, kein Fenster. Licht dunkelgelb. „Ausziehen!", sagte der eine. „Wie?", fragte ich. „Ganz, alles runter!", sagte er in einem abschreckenden Ton. Also zog ich mich aus, und alle Groschenromane flogen runter zu Boden. „Was ist das?", schrie der eine. „Hefte zum Lesen". „Sie wissen, dass das verboten ist". „Nee", sagte ich, „lesen ist doch nicht verboten". Ich wurde dann noch gefragt, warum ich die Hefte am Körper schmuggeln wollte. Ich antwortete nicht. Die beiden gingen raus und ließen mich lange Zeit nackt in dem Raum sitzen. Ich fror, hatte Panik und Raum-

angst. Ich schwor mir: „Nie wieder komme ich hierher!"
Meine Tante und mein Onkel warteten auf mich. Dann
kam einer mit einer Schreibmaschine und nahm alles auf.
Ich sollte 100 DM zahlen. Ich sagte: „Ich habe kein Geld
mit". „Wir werden uns das schon holen ...". Schulden,
dachte ich, nichts gibt es! Die können mir den Buckel
runterrutschen. Ich wurde durchgelassen, umarmte meine Tante und meinen Onkel und weinte bitterlich, weil
ich das Versprechen nicht einhalten konnte. Ich stieg in
ihr Auto ein und wir fuhren zu einem Kaufhaus. Ich war
erschrocken. Dunkel. Geschmacklos, nichts war hier wie
bei uns im Westen. Mein Onkel Erich kaufte sich eine
Tasche. Wir fuhren dann zu ihnen, um Mittag zu essen.
Es gab Kartoffeln, Rotkohl und Rouladen. Später Kaffee
und Kuchen. Ich guckte ständig nach der Uhr. Denn um
19 Uhr musste ich wieder am Grenzübergang sein. Endlich war ich wieder weg von der Grenze und den
schrecklichen Grenzsoldaten. Im Westen atmete ich auf,
und meine Angst schwand. Was für ein Gefühl von
Glückseligkeit. In der U-Bahn dachte ich nur an meine
Tante und meinen Onkel, wie gerne ich sie hatte und
dass ich ihnen kein Geschenk bringen durfte. Zu Hause
angekommen, machte ich mir einen Kaffee und drehte
mir eine Zigarette.

28.03.2019 *(in der REHA-Klinik)*

Ich bin in einer REHA-Klinik in Spandau. Ich muss sagen, hier gefällt es mir gar nicht. Die Schwestern sind sehr unfreundlich, sie lassen sich Zeit, wenn ich in Atemnot bin und die Morphin-Spritze brauche. Dann bekommt man freche Antworten. Ich bin froh, wenn ich hier draußen bin. Ich komme in eine Pflegeeinrichtung, da ich das meiste nicht mehr alleine zu Hause schaffe.

07.04.2019

Außerdem bin ich in meiner Wohnung sehr einsam. Einsamkeit kann sehr schmerzhaft sein. Ich habe meine liebsten Katzen Venus und Psyche nach 11 Jahren weggegeben, worüber ich sehr trauere. Es ist ein Leben und ein Weg, der immer kürzer wird. Den Tod spürt man von Tag zu Tag mehr. Die Krankheit COPD-Gold 4 ist eine grausame Krankheit. Luftnot, Angst und Panik begleiten dich ständig wie ein Verfolgungswahn. Egal was man tut, ins Restaurant gehen, sich mit Freunden oder Kindern treffen, egal was, es sitzt dir im Nacken. Es geht los. Du bekommst keine Luft. Jeder Handschlag ist zu viel, sei es bügeln, Küche saubermachen, egal was, der Luftmangel lässt kaum noch etwas zu. Verzweifelt und traurig ist man. Denn man möchte so gerne etwas machen. Der ewige Streik. Der Körper erlaubt nicht mehr. Langeweile bedeutet für mich den Tod, aber keinen schönen

Tod sondern einen Tod, der einen anwidert. Launisch, unzufrieden, verbittert.

15.04.2019

Nun geht es wieder auf Ostern zu. Alles ist schon grün. Die farbenprächtigen Blumen lassen mein Herz erfreuen. Jetzt bekomme ich meine Morphin-Spritze dreimal täglich. Damit bin ich ganz zufrieden, weil die Angst um die Luft nicht mehr so groß ist. Eigentlich vergehen die Tage im Pflegeheim M. gut und schnell. Langeweile habe ich keine. Ich habe genug Bücher, kann meine Philosophie studieren und schreiben. Ich wünsche mir nur, dass die Sonne mehr Wärme schenkt, sodass man nicht mehr frieren muss. Eigentlich bin ich glücklich, weil ich nicht mehr früh aufstehen muss und weil ich nicht mehr durch die Arbeit, die ich machen muss, bestimmt werde. Was mich traurig macht, ist, dass ich nicht mehr weiter als Gasthörerin an der FU Philosophie, Psychologie und Kriminologie hören kann. Immer mehr vom Leben geht verloren, und man muss lernen, davon Abschied zu nehmen. Ein Verfall. So wie der Winter für mich immer Schmerz und Tod bedeutet hat.

18.04.2019

Endlich Sonne, wie hab ich mich gesehnt nach der Wärme. Gehe in den Garten oder ins Einkaufszentrum auf eine Bank und rauche in Ruhe mit der Sonne eine

Zigarette. Gestern war meine liebe L. da. Was habe ich mich auf sie gefreut, denn ich habe sie lange nicht gesehen und mochte sie immer sehr. Schade, dass alles mit dem Heimladen (= in der Fregestraße) zu Ende ist und jeder jetzt seinen eigenen Weg geht, während wir bisher oft gemeinsam etwas unternommen haben: Singen, Spielen, Pokern usw. Es war eine wunderschöne Zeit. Aus den Augen, aus dem Sinn. Was bleibt, ist die Erinnerung. Zu Ostern kommen meine Liebsten aus München (= Familie des Sohnes). Danach weiß ich nicht, wann ich sie wieder in die Arme nehmen kann.

28.05.2019

Ich halte es nicht aus. Ich habe wahnsinnige Schmerzen. Ich möchte sterben. Werde alles tun, um die Genehmigung fürs Hospiz zu bekommen. Meiner Seele die Freiheit schenken. Hier möchte ich nicht lange bleiben.

05.06.2019

Um 23.50 Uhr erst die Morphinspritze bekommen. Ausgemacht, und letztlich auch verordnet, ist, dass ich alle vier Stunden eine Spritze bekommen soll. Medizinisch ist das Pflegeheim M. ganz schlecht. Am Tage muss ich um die Spritzen betteln, und die Nachtschicht kümmert sich gar nicht darum, außer wenn ich klingele. Ich fühle mich seelisch nicht wohl. Es herrscht immer dicke Luft. Von palliativ kann hier keine Rede sein. Hier möchte ich nicht sterben. Es ist hier so unmenschlich, dass der Tod hier für mich keine Freude ist. Ich werde darum kämpfen, ins Hospiz zu kommen und wenn ich deswegen vor Gericht ziehen muss. Ich will nicht alles schlecht machen. Es gibt Schwestern und auch Pfleger, die nett sind.

21.06.2019

Von den Menschen vom Hospiz fühle ich mich angezogen. Die besten Menschen und Mitarbeiter. Sie verdienen einen Preis für Menschenfreundlichkeit. Ich möchte gerne so sterben. Hoffentlich kommt der Tag. Ich habe Tag und Nacht Höllenschmerzen trotz Morphin. Es ist an der Zeit zu sterben. Denn mit den Schmerzensqualen geht es nicht mehr. Dazu kommt COPD 4, die ständige Quälerei mit der Luft. Nein Danke zum Leben! Heute, am 21. Juni findet ein großes Sommerfest statt. Hoffentlich ist es nicht so heiß. Freue mich so aufs Wochenende. Dann ist alles ruhiger hier.

22.06.2019

Gestern war hier im Seniorenzentrum Sommerfest. Es war sehr schön. Freunde von mir waren auch da. Morgens, wenn ich aufstehe, habe ich schwere Depressionen, und der erste Gedanke ist, ich möchte sterben. Ich fühle mich hier nicht wohl. Es wird keine Heimat werden. Ich bin zwar frei, aber frei hat für mich eine andere Bedeutung. Frei = ohne Angst und Panik – nur das nenne ich Freiheit. Hoffentlich ändert sich etwas. Entweder tot oder woanders hin. Hier im Pflegeheim kommen täglich die Erinnerungen an die Heimzeiten hoch. Gestern war vom MDK (= Medizinischer Dienst der Krankenkassen) eine Frau da, zur Überprüfung meiner Krankheit. Sie war sehr nett. Ich habe ihr immer wieder gesagt, dass ich ins Hospiz möchte, zum Sterben. Es wird bestimmt der Tag kommen, an dem ich meiner Seele die Freiheit schenke. Außerdem möchte ich so gerne hier aus dem Seniorenheim raus. Immer wieder streikt meine Seele, hier zu bleiben. Manchmal komme ich nicht vorwärts. Um mich abzulenken, male oder schreibe ich etwas, was auch sehr quälend ist, weil meine Hände brennen wie Feuer. Es ist wie ein Kribbeln von tausend Ameisen und so, als ob mir jemand alles aufschlitzt. Da ist doch das Sterben am besten. Ich werde meine liebsten Menschen nicht mehr haben, aber sie werden trotzdem immer bei mir sein. Warum öffnet sich nicht der Himmel und sagt: „Komm und flieg hoch in das Reich der Ewigkeit!" Der Ruf nach Sterbehilfe wird immer lauter, von Menschen, die sich durch eine Krankheit oder Schmerzen quälen und die dem Tod freiwillig entgegen gehen wollen. Die Politiker, die Deutschland regieren, gehen nur von sich aus. Sie brauchen sich keine Sorgen zu machen, wenn es ihnen mal so geht, dass sie Tag und Nacht qualvolle Schmerzen zu erleiden haben. Weil sie nie Steuern zahlen, können sie es sich leisten, Ärzte dafür bezahlen, dass sie ihnen helfen, nicht mehr am Leben zu bleiben. Die denken primitiv, was geht mich das Volk an, sollen die sich doch quälen. Dabei würden sie Geld sparen, wenn sie die Sterbehilfe erlauben würden.

Seit ich im Pflegeheim bin, ist mein Geist wie eine leer stehende Wohnung. Pflegeheime dienen den Betreibern nur dafür, sich zu bereichern. Ausbeutung. Menschen werden mit Medikamenten ruhig gestellt, damit sich niemand beschweren kann. Sie werden aus dem Zimmer geholt, in einen Rollstuhl gesetzt und dann in einen Raum verfrachtet, wo nur die Glotze läuft. Sie schlafen im Rollstuhl ein, und keiner kümmert sich um sie. Ein Horrorleben.

Voll Jammer denke ich oft an die Zeiten, als ich jung und gesund war. Was gab es für glückliche Zeiten. Hier im Pflegeheim M. ist es so, dass hier nur Demenzkranke wohnen. Ich bin die Einzige mit der Krankheit COPD-4, aber werde von Pflegern und Schwestern wie eine Demenzkranke behandelt. Es geht mit den Medikamenten los. Es sind manchmal bis zu 10 Tabletten, die ich auf einmal schlucken soll, und dann bleiben die Pfleger und Schwestern neben dir stehen wie bei einem Verhör, bis du alle geschluckt und dich damit vollgestopft hast. Ich sage ihnen immer wieder, dass ich keine Demenz habe, das haben mir die Ärzte vom Schmerzzentrum auch noch einmal extra bestätigt. Das Essen ist zum Brechen, billiges ungesundes Fabrikessen. Mittags Kartoffeln, Gemüse und Soße, alles kalt, also keine warme Mahlzeit.

Es gibt Schwestern, die sind sehr frech und behandeln die Menschen respektlos. Eine Schande. Und das nennt sich Pflegeheim. Ich nenne es nicht Pflegeheim sondern Psychiatrie! Es stinkt nach Kot und Urin überall, wo man hingeht. Die Leute werden ruhig gestellt und dann ab in den Raum mit der Glotze, der Fernseher wird dann so laut gestellt, dass man nicht zur Ruhe kommt und schlafen kann. Sie wollen über uns bestimmen, und jeder muss eine Betreuung haben, damit dir alle Freiheitsrechte weggenommen werden. Es ist kein Pflegeheim sondern ein Foltergefängnis. Man fühlt sich wie atemlos, ausgeliefert, vereinsamt und seelisch verlassen. Viele Patienten heucheln und schleimen aus Angst vor den Schwestern, damit ihnen nichts passiert. Die Hölle auf Erden. Es gibt einen gewissen Prozentsatz von Schwestern und Pflegern, die nett sind. Es gibt keine Sozialarbeiter oder Sozialarbeiterinnen, die für Menschen mit Problemen zuständig sind. Mit niemand kann man über Probleme reden. Und wenn man es doch versucht, dann haben sie schlechte Laune, sind gereizt, werden frech oder haben keine Zeit. Meine Angst und Panik haben sich, seit ich hier bin, sehr verschlechtert. Kein Wunder, wenn so die große Sehnsucht nach dem Tod entsteht.

Hilfe, holt mich hier raus! Weg von hier! Die Krankenkasse müsste die Pflegeheime viel strenger beaufsichtigen und beobachten. Es ist sehr viel Betrug dabei, was die Krankenkasse nicht mitbekommt. So viel Geld.

Es ist alles Sein und Haben. Wenn das Sein nicht ist, ist das Haben. Wenn das Haben nicht ist, ist das Sein. Die Mitte der Waage ist das Wichtigste. Die alles in Bewegung setzt.

Jetzt werde ich Klage einreichen, um eine Hospizeinweisung und die Erlaubnis zum begleiteten Suizid zu bekommen. Ich hoffe, dass mein Wunsch in Erfüllung geht. Es wird nur schlimmer, und die Schmerzen nehmen zu. Unerträglich. Um ein Ende zu setzen, ist der Tod die größte Freude.

Im Seniorenheim M. ist das Essen so schlecht, Fabrikessen ohne Geschmack wie Abfall oder aus der Mülltonne. Ein Zimmerschlüssel kostet 150 Euro, unverschämt. Die nehmen es von den Menschen, die an Demenz erkrankt sind. Die bekommen nichts mehr mit. Die ganze Rente nehmen sie einem ab, sodass keiner ins Café oder essen gehen kann. Aktivitäten muss man auch extra bezahlen. Dann wird das Gericht eingeschaltet, du bekommst eine Betreuerin, sodass du nichts zu sagen hast, du wirst mundtot gemacht. Alle Freiheiten und Rechte werden dir unter den Füßen weggezogen. Die Heime müssen viel schärfer kontrolliert werden. Manche Bewohner betteln darum, Geld zu bekommen, um Schokolade oder Bonbons zu kaufen. Eine Schande. Von der Pflege stinkt es Tag und Nacht, egal wo man ist, nach eingekackten Windeln. Der Arzt kommt nur, wenn du ihn bestellst. Ganz selten.

10.08.2019

Gestern war der 9. August, der schönste Tag in meinem in der letzten Zeit kranken Leben. Es ging mir nicht gut mit der der Luft, da das Wetter sehr feucht und tropisch war. Ich bin denen, die mir ermöglicht haben, zur Eröffnung des neuen Ladens der Anlaufstelle UNSER HAUS zu kommen, sehr dankbar. Ohne deren Hilfe hätte ich, glaube ich, nicht dabei sein können. Doch ich hätte es versucht, wenn es mir gesundheitlich besser gegangen wäre. Daran ist nur die COPD-4-Krankheit schuld. Alles war mit Liebe und Zucker zubereitet. Es war großartig. Ich komme wieder. Der Heimladen liegt mir sehr am Herzen.

Als ich damals den ersten Fuß in den (alten) Heimladen (in der ehemaligen Anlaufstelle) setzte, dachte ich sofort, das ist es, wonach ich mich sehnte. Hier werde ich wiederkommen. Freundlicher Empfang. Alle habe das gleiche schwere Schicksal empfunden und erlebt. Endlich das Schweigen brechen. Und ich sagte zu mir: „Die Gedanken sind frei." Sich äußern, reden, das loswerden, was einen seelisch zum Platzen brachte. Wenn es eines Tages unsere Generation nicht mehr gibt, wird es zu spät sein. Im Grunde genommen wurden wir billig abgespeist und auch für's Schweigen bezahlt. Hätte die Anlaufstelle nicht mehr gemacht, wären wir mit unserem bitterlichen Schmerz weiter stumm geblieben. Aber hier hat man allen zugehört und ihnen Rat gegeben. Mir wurde geholfen, als sich meine Miete erhöhte, ich aus meiner Wohnung raus musste, dann erst bei einer Freundin wohnte, schließlich nach langer Suche eine neue Wohnung bekam, aber nicht alles aus meiner Wohnung mitnehmen konnte – wie z.B. die Philosophie-Bücher, die mein Leben waren, die ich dann aber mit ein paar Kleidungsstücken im Keller meiner Freundin unterbringen konnte. Mir wurde geholfen bei der Einrichtung der Wohnung durch Suchen im Internet. So konnte ich z.B. Kühlschrank, Tisch und Stühle günstig bekommen. Später habe ich jeden Dienstag in der Anlaufstelle ehrenamtlich das Café gemacht. Das wollte ich bis zu meinem letzten Atemzug machen, aber durch diese Absicht hat mir die Krankheit COPD-4 einen Strich gemacht.

Herbst 2019

Hier im Seniorenheim kommt in besonderer Weise alles wieder hoch. Dadurch verstärkt sich meine Sehnsucht zu sterben immer mehr. Morgens, wenn ich aufwache, stelle ich fest, dass ich immer noch da bin und lebe. Ein Albtraum. Hätte ich meinen Sohn nicht zur Schmerzpraxis mitgenommen, hätte die Ärztin mir bestimmt erlaubt, ins Hospiz zu kommen. Er hat dazwischen geredet und sich gegen das Hospiz ausgesprochen. Ich weiß nicht, ob er das wieder gutmachen kann. Warum lässt man mich nicht? Warum verbietet man mir meine Träume, Wünsche, Phantasie und Freude. Ich habe die Unterdrückung und Heuchelei satt. Keiner hat ein goldenes Arschloch. Ich bin wütend. Selbst bei Tieren und in der Natur geht es um Egoismus und Habgier – sie wollen alles beherrschen und unterdrücken. Unter den Menschen regieren Hass, Neid und Gewalt. Ich möchte schreien.

Heute fahre ich zum Heimladen und hoffe, dass es nicht regnet. Seit Tagen gibt es nur Regen. Berlin ertrinkt. Meine Knochen brennen. Ich habe das Gefühl, ich verbrenne und bekomme keine Luft. Eine Hitze. Es ist bestimmt 50-60 Grad warm. Qualvoll. Deswegen habe ich ständig den Gedanken, dass ich sterben will. Menschen, die das nicht verstehen und nachvollziehen können, meinen, dass es keine Sterbehilfe geben soll. Wartet mal ab, eines Tages wird euch ein plötzlicher Schmerz zum Verhängnis werden und ihr werdet euch das wünschen, was heute meine Sehnsucht ist. Sterben. Angst vor dem Tod habe ich nicht. Ich habe alles, was ich liebte, losgelassen und der Tod ist mein bester Freund geworden. Jeden Tag führe ich ihn mit meiner Hand überall hin, schlafe mit ihm ein und wache mit ihm auf. Nur er kann mir eine neue glückliche zufriedene Zeit gaben. Andere Farben sind ausgelöscht, die Farben grau, dunkel und unzufrieden. Abschied nehmen von allem, was in der Vergangenheit schön war und glücklich gemacht hat.

Wer weiß, was danach kommt. Die Seele, die dich verlässt, kommt nicht wieder. Sie fliegt weit weg von uns und sucht sich ein neues Zuhause. Aber was für ein Zuhause? Als Stern? Oder Mond und Sonne nehmen sie auf. Kann auch eine Wolke sein, Wasser, ein Wüstenkorn oder Erde. Wer weiß das schon. Das ist mein Denken.

Jeden Morgen, wenn ich hier im Heim aufwache, überfällt mich ein fürchterliches Grauen. Ich muss hier raus. Hoffentlich klappt es mit einem anderen Heim. J. und ich werden uns eins im Wedding ansehen. Na ja, vom Bezirk Wedding halte ich nicht viel. War noch nie vom Bezirk Wedding begeistert. Mal seh'n. Was bin ich froh und glücklich, dass es den Heimladen gibt, meinen Zufluchtsort, besonders in dieser Zeit. Der Heimladen gibt mir Kraft und Stärke. Wenn ich dann in einem viel besseren Heim bin und den Heimladen besuchen kann, werde ich den Gedanken ans Sterben ruhen lassen. Freiheit, wo bist du? Ich bin am Ersticken. Das Essen hier ist ganz schlecht, Fabrikessen. Die meisten haben Infektionskrankheiten. Windeln voll. Gestank Tag und Nacht wie in einer Gülle-Fabrik. Die Demenzkranken sind frech. Wenn du ihnen helfen willst, schlagen sie dich, stehlen, gehen in dein Zimmer und nehmen irgendwas mit. Meine Papiere habe ich immer bei mir. Bestimmt 30mal habe ich darum gebeten, ob ich einen Schlüssel für mein Zimmer bekommen kann. Nichts. Die Post bleibt einige Tage liegen. Ohne dein Beisein gehen sie ins Zimmer und räumen auf. Die Tage hier im Heim sind einsam. Keine Freiheit für Woche und Monate – wie eine Ewigkeit. Schrecklich. Einsamkeit, die quält und seelische Schmerzen verursacht. Ein grauer Schleier, leere tiefe Depression. Freiheit, warum hast du mich verlassen? Wie du duftest, wie eine Rose. Freiheit, du warst und bist meine ewige Liebe. Tränen sind geflossen. Habe mich an dich geklammert, oft wurde ich abgestoßen und verlassen. Angebetet habe ich sie. Die Freiheit sprach zu mir: „Ich gebe und schenke sie dir!". Kann nichts tun, weil man sie mir verbietet. Bin in deinem Kopf. Deine Seele schreit „Ich bin bei dir, sprenge den Gedankenkerker, reiß' alles entzwei und nimm meine Hand. Folge mir." Freiheit, meine Liebe. Schon als Kind träumte ich von der Freiheit. Da wünschte ich mir ein Vogel, ein Baum oder eine Biene zu sein. Heute lebe ich wieder im Heim mit der Sehnsucht nach Freiheit, nur dass ich kein Kind mehr bin. Hier kann man sich nicht selbst etwas kochen. Salat und Obst muss ich in der Toilette waschen. Der Abfluss stinkt. Nachts laufen Silberfische auf dem Fußboden lang und springen einen an. Die Toilettendeckel sind immer offen. Ekelhaft. Die meisten haben Schilder an der Tür: „Infektion. Nicht ohne Mundschutz eintreten!" Jeden Tag schreie ich vor mich hin: „Hilfe". Fünf Monate habe ich auf ein Bett und eine Lampe gewartet. Manche Schwestern nehmen sich Frechheiten raus. Am liebsten möchte ich aller Welt mitteilen, was es für Zustände in Pflegeheimen gibt. Manche müssen jede Woche um ihr Taschengeld betteln. Dann heißt es: „Keine Zeit, kommen Sie morgen wieder." Am nächsten Tag ist es dasselbe. Eine Hölle. Im Speiseraum stinkt es nach Kacke und Urin.

Hier in diesem Pflegeheim, Seniorenzentrum M., kannst du nur im Rausch geistig, seelisch und physisch wegtreten. Sonst kannst du es nicht ertragen. Ich spiele schon mit dem Gedanken, wenn es nicht klappt mit einem anderen Pflegeheim, mich nachts bei tiefen Minusgraden irgendwo im Wald hinzulegen und zum Tode zu erfrieren. Lieber tot als im Pflegeheim über Jahre zu Grunde gehen.

Mir gegenüber lag eine Frau, die schrie vor Schmerzen, Stunden, Tage, Wochen, monatelang. Nun ist sie gestorben und von ihren Qualen erlöst. Wenn du hier klingelst, egal was du hast, kannst du warten, weil die Schwestern und Pfleger auf der Terrasse, die wir nicht benutzen dürfen, sitzen, um zu rauchen. Denn die Terrasse, die eigentlich für uns ist, haben sie uns enteignet. Ich will nicht so sterben, wie diese Frau starb. Nein danke! Die Schwestern haben ihr nur gesagt; „Seien sie ruhig und klingeln sie nicht so oft!" In ihren qualvollen Schmerzen hat man sie beschimpft und alleine gelassen. Ich bin heimlich in ihr Zimmer gegangen. Sie lag da wie ein Knäuel von Haut und Knochen und schrie. Ich brach in Tränen aus und schrie leise vor mir hin: „Das darf nicht sein in unserem Deutschland! Alle in der Welt sollen wissen, dass unser Krankensystem sehr schlecht ist, folternd und brutal." Ich habe Angst, dass mir das Gleiche passiert. Hilfe.

Die Politik ist ganz schlecht. Deswegen gehe ich nicht mehr wählen. Wenn ich wählen gehe, dann würde ich nur die Tierschutz-Partei wählen. Die Heuchler, die korrupten Arschkriecher. Wenn sie den Mund aufmachen, kommt Gülle-Geruch raus. Uns lassen sie in bitterer Armut allein, wenn wir krank sind. Und sie lassen Menschen mit Kindern, die Schichtarbeit machen oder mehrere Arbeitsplätze haben, ausbluten und Steuern zahlen, nur damit die Politiker in Saus und Braus leben können. Wenn sie krank sind und an qualvollen Schmerzen leiden, bekommen sie die beste Medizin. Sie haben nie in die Krankenversicherung eingezahlt, aber bekommen 1. Klasse im Krankenhaus usw. Sie haben die beste Krankenpflege und die besten Ärzte. Eine Frechheit. Sollen sie doch die Sterbehilfe erlauben. Was sollen wir noch darum betteln müssen. Aber sie werden noch ihre Strafe bekommen, aber höllisch. Wenn die Politiker denken: „Heute schlafe ich gut", beginnt mitten im Schlaf der Albtraum. Das ganze Volk stürzt sich auf sie in ihrem Schlaf. Die eine sagt, „ich schneide dir langsam zwei Finger ab", der andere sagt, „ich nehme dir die Augen raus", die nächste sagt, „alle deine Fußnägel ziehe ich dir mit der Zange raus", und viele andere sagen dies und das und dann lassen sie sie liegen in ihren Schmerzen. Genauso, wie sie es angeordnet haben, dass man es mit den Heimkindern machen darf. Foltern. Das war die Devise. Wo waren sie, als man uns folterte? Wo waren sie, als wir weinten? Wo waren sie, als die Angst uns beherrschte und wir unter Schmerzen litten? Weit weg von der Heimatstadt brachte man uns unter, damit keiner unsere Hilfeschreie hören konnte. Sie lassen es sogar zu, dass Tiere gefoltert und gequält werden, und sie lassen sich bestechen. Das Volk soll das gequälte Tier essen. Eine Schande sondergleichen.

März 2020 *(im Pflegeheim M. zu Corona-Zeiten)*

Ich halte es nicht mehr aus. Die Einsperrung. Meine Schmerzen werden immer schlimmer. Ich kann nicht zum Schmerzzentrum wegen Corona. Dabei brauche dringend Schmerzmittel. Cannabis vertrage ich nicht. Nur Morphin allein reicht nicht.

Es wird Frühling, und es wird lauter in der Luft. Alle Vögel zwitschern durcheinander, und mir kommt der Gedanke, dass ich dazu gehören möchte. Fliegen hoch hinaus in die Freiheit. Seitdem ich eingesperrt bin, rieche, schmecke und fühle ich die Freiheit nicht mehr. Wie ausgeschaltet. Geraubt und entzogen. Langweilig. Wir haben eine Terrasse, die wir nicht benutzen dürfen. Weil die Schwestern und Pfleger sie zum Rauchen beanspruchen. Demenzkranke kann man einschüchtern, manipulieren und ihnen Angst machen. Sie sagen zu allem „Ja", und fallen fast auf die Knie, um sich zu entschuldigen. Solchen Pflegeheimen geht es nur ums Geld. Es ist unhygienisch und riecht nach vollen Windeln. Alle Fenster sind offen, sodass man eine Kälte spürt, als müsse man erfrieren. Das ist hier eine Bakterienschleuder. Nachts auf der Toilette laufen massenweise Silberfische rum, die springen so hoch, dass man denkt, sie sind jetzt in meinem Nachthemd und damit muss ich schlafen gehen. Draußen laufen die Ratten rum. Das nennt sich „Vier-Sterne-Einrichtung". Das Gesundheitsamt kommt zwar, aber davor wird alles weggeräumt und geputzt, ich nenne es Wischen. Oberflächlich. Mehr zum Schein. Selbst unter den Schwestern herrschen Machtkämpfe. Sie schleimen untereinander. Aber was soll ich groß darüber sagen. Das, was ich im Heim kennengelernt habe, verfolgt mich durchs ganze Leben.

Es ist wie eine Pest, weil die meisten ein primitives Denken haben. Die ansteckende Pest wird von Generation zu Generation von den Eltern an die Kinder weitergegeben. Die haben nicht den Verstand zu unterscheiden, was wahr und was falsch ist. Sie schließen sich der primitiven Masse an - aus Angst verstoßen zu werden oder keine Freunde zu finden, lieber mit falschen Freunden zusammen als alleine zu sein. Ich habe schon als Kind anders gedacht: Lieber alleine und die Wahrheit nicht verraten. Lieber alleine, als sich mit Lug und Trug verstellen, um Freunde zu haben. Alles kommt sowieso eines Tages ans Tageslicht. Wie lange kann ein Mensch mit einer falschen Maske leben? Es muss doch mit der Zeit schmerzen. Die Schmerzen werden immer unerträglicher. Albträume, Aggressionen, das Wahre denken, der Kopf platzt – Verfolgungswahn ... und ... und ...und. Ein Mittel zum Brechreiz für diejenigen, die ruhigen Schlaf und klaren Kopf haben. Mein Gehirn ist kein Messi.

Das Pflegeheim M. ist das allerletzte. Die wirklich guten ausgebildeten Schwestern mit Mitgefühl für uns alle werden durch andere ersetzt, die als Putzfrauen arbeiten: Windeln wechseln, Waschen, Anziehen. Und die teilen dann auch Tabletten aus, was sie eigentlich gar nicht dürfen. Die guten Schwestern wurden rausgeekelt. Wie kann das sein? Sie werden für 8 Stunden bezahlt und arbeiten höchstens 3 ½ Stunden. Die meiste Zeit sitzen sie auf der Terrasse und rauchen. Oder sie essen von unserem Essen, also tun nichts. Manche Pfleger oder Mitarbeiterinnen haben einen solchen Druck durch ihre inneren Aggressionen, dass man denkt, gleich schlagen sie auf dich ein. Warum werden Pflegeheime nicht schärfer kontrolliert? Detektive als Pfleger einsetzen z.B. Also geht es doch nur um Abzockereien. Man wird, nur weil man krank ist und human gepflegt werden möchte, ganz abgestempelt, ausgegrenzt und seiner Würde beraubt. Du bekommst nur Taschengeld, darum musst du auch noch betteln.

Deine Altersrente musst du ans Heim abgeben. 150 € kostet ein Zimmerschlüssel. Für das Gejodele und Bingo musst du denen noch was von deinem Taschengeld bezahlen. Ich mache das Dumme nicht mit.

Leute, hört auf mich! Solltet ihr ins Pflegeheim gehen, guckt es euch ganz genau an. Nicht nur, wenn ihr reinkommt: die Aufmachung von außen sieht gut aus. Nein, achtet auf die Patienten, wie sie aussehen und wie sie ruhig gestellt werden im Rollstuhl vor der Glotze. Das nennt ihr das beste Gesundheitssystem. Ich könnte schreien und Galle spucken.

April 2020

Corona. Jetzt sind wir eingesperrt wie in einem Gefängnis. Nur Hofgang ist erlaubt. Rund um die Uhr. Was das für seelische Auswirkungen hat. Kein Besuch. Nichts. Abgeschnitten von Freunden, Verwandten und Außenwelt. Was hat sich die Politik dabei gedacht? Menschen, die seelisch darunter leiden, gerade die, die sowieso schon einsam sind, werden ihrer Freiheit beraubt – ohne Hoffnung zu haben, wann der Horror ein Ende nimmt. Ich leide sehr darunter. Das Schlimmste ist, dass meine Kindheit wieder ausgegraben wird, die ich durch die Anlaufstelle langsam vergessen konnte. Vielleicht weniger vergessen als verdrängen. Durch das Verdrängen wurden mir Mut, Freude und Freiheit gegeben. Zumindest konnte ich mich freuen, egal, was ich machte. Selbst im

Winter, der mir immer Depressionen bereitet hat. Aber jetzt in der Coronakrise rückt das Sterben wieder näher. Es gibt einen Corona-Widerspruch. Bei den anderen Seuchen machte man nicht so einen Aufwand und riskierte nicht die Zerstörung von Wirtschaft, Renten usw. Welche Ziele verfolgen sie damit? Wird es uns danach besser oder schlechter gehen?

Keiner bekommt den Schlüssel zum Universum. Es bleibt eine Ewigkeit, die das Universum nicht preisgibt. Auch wenn die Astronomen forschen, werden sie das Geheimnis nicht klären können. Der Kosmos ist ein Planet für sich. Kein Mensch wird das Geheimnis erfahren. Die Gesetze des Kosmos bleiben verborgen.

Seit mit Corona das Eingeschlossensein begonnen hat, bekomme ich oft Albträume. Mal träumte ich von dem Heimleiter, der immer an meinen Brüsten spielte, dann davon, wie die Erzieherin und die Polizei mir mein liebstes Kind, meinen Sohn, aus den Armen rissen. Ich schrie nachts auf. Schweißgebadet wachte ich auf und wusste zuerst nicht, wo ich war. Dann stand ich auf und ging aus meinem Zimmer mit einem ganz schlechten Gewissen, weil mich vielleicht jemand schreien gehört hat, raus auf den Flur. Gleich gegenüber ist der Tagesraum, in dem sich die Nachtschicht aufhält. Ich hatte so große Angst, dass mich jemand gehört haben könnte. Zum Glück hatten sie die Tür zu. Danach konnte ich nicht gleich wieder einschlafen. Erstmal gingen mir die

Albträume nicht aus dem Kopf, dann hatte ich weiter Angst, dass mich jemand gehört hat. Ich schaltete dann den Fernseher an und schlief nach einigen Minuten wieder ein. Wie kann das sein, dass die Corona Krise mich völlig zerstört hat. Ich bin nicht frei, wo Freiheit mir doch über alles geht. So kann man Menschen auch zerstören.

Im Facebook habe ich oft um Hilfe geschrieben. Zum Glück haben viele geantwortet. Da empfand ich ein Stück Freiheit. Alles Mögliche habe ich gemacht, um das Eingesperrtsein zu vergessen. Schach spielen, stricken, malen, mein Tagebuch schreiben. Was ich bei dem Wegsperren auch schlimm fand, waren Schwestern, die sich mehr Macht über uns nahmen. Aber es gab auch einige Schwestern, die ich mochte. Sie waren menschlich und behandelten einen mit Respekt. Ich freute mich, wenn sie Dienst hatten. Trotzdem würde ich niemand empfehlen, ins Pflegeheim zu gehen. Essen so ungenießbar, Fabrikessen wie Abfall. Die meisten Bewohner haben Demenz. Manche auch schlimm. Sie schlagen dich. Sie gehen in dein Zimmer. Und wenn du es den Schwestern meldest, sagen sie: „Die sind doch krank." Das ist mir aber egal. Dann das Gehetze unter den Schwestern. Jede möchte über alles bestimmen und bloß keine Windeln machen oder beim Duschen helfen usw. Sie wollen wenig tun, wollen mir vorschreiben, wie ich meine Medikamente nehme. Manche vertrage ich nicht und lass es dann bleiben.

Die meisten Bewohner werden ruhiggestellt. Manche haben Schmerzen und schreien. Wenn du Morphin in flüssiger Form verschrieben bekommen hast, sind sie so dreist und geben dir Wasser statt Morphin. Zum Glück bin ich im Schmerz-Zentrum und bekomme von dort meine Medikamente. Den Arzt siehst du nur, wenn du die Schwestern darum bittest. Ansonsten kein Arzt. Dr. S. hat einen unverschämten Ton an sich und keine Ahnung. Dem geht es nur ums Geld. Ich bin froh, dass ich von hier keine Medikamente bekomme. Sonst würden die mich auch ruhig stellen und mich mit Neuroleptika betäuben, was das Gehirn kaputt macht.

Meine Seele ist voll von Einsamkeit und Trauer. Was Corona mit den Menschen anrichten kann. Als ich 21 war, wurde ich mit einem Stempel vom Staat für volljährig erklärt und mir wurde erlaubt, dass ich mit meiner Freiheit tun und machen kann, wie es mir gefällt. Die Corona Krise hat die menschliche Kunst zerstört. Durch das Einsperren haben die Menschen die Menschlichkeit ausgelöscht. Jeder ist für sich. Komm mir bloß nicht zu nahe. Soweit hat es die Politik mit uns getrieben. Die Reichen sitzen oben und werden dadurch noch höher sitzen, weil die Armen unten jetzt schon nicht mehr sitzen sondern liegen, weil ihnen die Existenz weggenommen wurde. Die Politik singt: „Schlaf, Corona Patient!" Nicht: „Schlaf, mein Prinzchen, schlaf ein!" Die Reichen singen: „Schlafe, meine Habgier, schlaf ein!" Was ist aus uns geworden? Blind und erschöpft, weil unser Geist die Anstrengungen nicht mehr schafft. Entfremdung. Gleichgültig sind wir zu unseren Kindern, Enkeln, Freunden und Verwandten geworden, weil die meisten denken: „Fass' mich nicht an – zwei Meter Abstand!" Es ist traurig, in welche Lage die Politik uns gebracht hat. Bei vielen wird es nicht mehr aus den Köpfen gehen. Corona ist tief in ihnen verankert. Die menschliche Erkaltung bleibt. Es gibt kein Zurück. Zwangsneurose der neue Virus.

Machst du den Fernseher oder das Radio an oder liest du die Zeitung: nur Corona. Mit der Zeit kann man es nicht mehr hören. Mein Gehirn ist so weich aufgeschwemmt, weil es nur um das Thema Corona geht. Versuche, es abzuschalten, indem ich mir ein Buch nehme und lese oder ich schreibe an meinem Tagebuch. Auf dem Handy Schach spielen, nur damit ich das Wort Corona nicht mehr höre oder damit mein Verstand nicht von selbst anfängt, Corona zu sagen. Bin in einem Pflegeheim, M., seit Anfang März eingesperrt wie in einem Gefängnis ohne Besuch. Ich finde es sehr brutal, wie Menschen darunter seelisch leiden. Freiheitsberaubung, Angst, Panik, Depression. So etwas hat es noch nie gegeben. Zur Abwechslung habe ich auch mal bei Facebook geguckt, ist schon unterhaltsam, hat mich auch abgelenkt. Auf eine Art bin ich froh, denn ich hatte von jemand die Handynummer nicht und habe sie dort gefunden. Ein sehr netter Mensch, der mir in der großen Coronazeit sehr geholfen und mich unterstützt hat. Alle Achtung. H., J. und R. haben mir auch sehr zur Seite gestanden und mich hinterm Zaun besucht. Leider nur mit Sprechen und Winke, Winke. Mir ging es so, als ob mir jemand das Herz aus der Brust reißt, sehr schmerzhaft.

Ich habe mir viele Pflegeheime angeguckt und habe festgestellt, dass die alle gleich sind, dass es allen nur ums Geld geht. Von Pflege kann keine Rede sein. Essen sowas von schlecht. Nur Fabrikabfall. Von dem Essen wird man krank. Durchfall, Erbrechen und Schwindelanfälle. Zum Glück habe ich mich bei einer Pflege-WG beworben, die zurzeit noch im Aufbau ist.

Deutschland hat angeblich das beste Gesundheitssystem der Welt. Aber das stimmt nicht. Gut, du wirst versorgt vom Arzt und im Krankenhaus, aber hinter der Fassade sieht es anders aus. Wenn du im Krankenhaus bist, gibt es z.B. sehr schlechtes Essen und du musst nach 10 Tagen wieder nach Hause, egal wie schlecht du dich noch fühlst. Hast du eine chronische Krankheit und bist zuhause, kannst du Pflege beantragen, mit Umfang nach Pflegegrad. Dann kümmert sich jemand vielleicht 120 Minuten am Tag um dich. Ansonsten bist du wieder alleine. Den Pflegediensten, egal ob vom Roten Kreuz, der Caritas oder von einem privaten Anbieter, geht es nur ums Geld. Um jedes Bisschen musst du bei der Krankenkasse betteln, wie z.B. bei der Zuzahlung zur Sauerstoffversorgung. Dann kommt noch die Bürokratie dazu.

Man darf nicht krank sein und ein Pflegefall werden. Dann bist du verloren. Deswegen bin ich für die Sterbehilfe. Die Krankenkassen tun so, als ob das Geld ihnen gehört, obwohl du jeden Monat einzahlst. Den Kranken wird nicht geholfen. Bei allem, was du beantragst, musst du zum größten Teil betteln und dann noch zuzahlen. Wenn du nicht zuzahlen kannst, sei es für Medikamente oder z.B. einen Rollator, musst du entweder darauf verzichten oder du bekommst Hilfsmittel, die Schrott sind. Genauso, wenn es um die Bestimmung des Pflegegrades geht. Er wird nach Punkten bestimmt. Sie untersuchen dich x mal und versuchen, deine Punktzahl so niedrig wie möglich festzulegen. Ich habe die Krankenkasse verklagt und Recht bekommen, dass mir der Pflegegrad 4 zusteht. Es ist alles nur Geschäftemacherei. Warum lassen sie die Sterbehilfe nicht zu, indem sie dafür die Kosten übernehmen?

Wie viele Menschen mit einem niedrigen Einkommen zahlen für ihre Medikamente zu, können sich dafür nicht groß was zu essen leisten und müssen zur Tafel gehen. Wie beschämend ist das denn … Eines Tages ging ich in eine Apotheke, mein Rezept abzugeben, da sah ich eine Frau weinen. Sie hat mir leidgetan. Also ging ich zu ihr hin und fragte sie, ob ich ihr helfen könnte. Sie sagte: „Nein, aber lieb von Ihnen." Ich war neugierig und fragte, was passiert sei. Dann sagte sie, dass sie die Medikamente braucht und nicht zuzahlen kann, aber sie würde obdachlos werden, wenn sie jetzt das Geld für die Medikamente ausgeben würde. Was soll ich machen? Mir ging es nicht aus dem Kopf. Ich hatte eine Befreiung von der Zuzahlung. Das sagte ich ihr, sie solle sich auch befreien lassen. Sie sagte, dass sie den Antrag schon gestellt hätte, der sei aber von der AOK abgelehnt worden. Genauso kann es einem gehen, wenn man COPD hat und dringend auf Sauerstoff angewiesen ist. Bei einigen ist die Zuzahlungsbefreiung abgelehnt worden. Ein trauriger Zustand, wie sich da die Krankenkassen verhalten. Ich will damit nur sagen, so gut ist ein Krankensystem nicht, wenn du um so etwas betteln musst.

Juni 2020

Zum Glück bin ich aus dem Pflegeheim M. raus. Einen großen Dank an alle, die mich dabei unterstützt haben, dass ich aus diesem Gefängnis raus kommen konnte. Und in der Pflege-WG, in die ich nun umziehen kann, hat man ein großes Herz für mich gehabt, dass ich dort einziehen konnte – und dass ich mich wohlfühlen kann und dass ich, was das Allerwichtigste ist, meine höchste Freiheit wieder habe. Was für mich immer wichtig war und ist, ist der Heimladen (UNSER HAUS), denn ohne den kann ich nicht leben. Ich finde alle gut, die da arbeiten und für uns da sind mit Aktivitäten, die uns immer Freude machen. Hier habe ich etwas gefunden, was ich als Kind und im Alter vermisst habe: Geborgenheit. Jeder bemüht sich darum, uns gerecht und mit Freude zufrieden zu stellen. Ich bin so froh, dass es so etwas gibt. Viele ehemalige Heimkinder kommen gerne. Vergesse, wenn ich dort bin, all meine seelischen Schmerzen. Auch wenn es nur für ein paar Stunden ist, fahre ich glücklich und zufrieden nach Hause, freue mich dann auf den nächsten Dienstag oder Kochen, Frühstücken, Ausstellungen oder Spiele. Schade, dass es keine Malgruppe mehr gibt. Das wäre toll! Mit meiner Krankheit habe ich nicht mehr lange. Aber es gibt wenigstens Menschen, die mir in schwierigsten Zeiten zur Seite gestanden haben. So kann ich mit Freude von der Erde gehen. Auch mein Sohn, seine Frau, seine Tochter und seine Adoptivmutter waren auf meiner Seite, obwohl ich immer noch wegen der Heime und Pflegeeltern das Vertrauen auf Menschen verloren hatte. Selbst für Umarmungen habe ich niemand in meine körperliche Nähe gelassen. Durch den Heimladen habe ich es zwar nicht ganz, aber zum Teil wiedergefunden. Wenn ich jemand an mich heranlasse, dann schießt es in mein Gehirn oder meine Seele: jetzt werde ich geschlagen. Dann stelle ich alles zu. Blitzschnell. Es gibt keine Schläge. Es ist nicht einfach, aber ich will lernen, es zu vergessen. Ich glaube aber, das gibt es nicht, weil das alles unverzeihlich ist. Ich möchte lernen, es ist vorbei. Angst und Panik ist in mir gewachsen und gefestigt wie ein Baum mit ein paar Blättern. Dieser Baum bietet einen traurigen Anblick. Trotzdem wünsche ich mir, solange ich denken kann, wie gerne wäre ich ein Vogel.

Mein Leben wird nicht mehr lange dauern, aber die Freiheit ist dafür doppelt so groß und schön. Jetzt bin ich zwar frei, und es geht mir gut, aber meine Depression ist geblieben. Obwohl ich die schwierigsten Zeiten hinter mir habe, bricht irgendetwas in mir zusammen, und ich verfalle in ein dunkles Loch, das mir alles nimmt. Ein Zerfall ohne Widerstand. Dann wieder geht es mir so gut, und alle meine Sinne sind wieder gesund und in Ordnung. Ich bekomme durch den Zerfall eine Kraft, in der sich mein großes Bedürfnis nach Freiheit seinen Weg bahnt. Ich würde es so sagen: Ich war ausgehungert, durstig nach Freiheit und Erlebnissen. Ständig ist das Leben nur ein Kampf. Entweder du verlierst ihn oder du gewinnst ihn. Aber das Leben besteht aus zwei Kämpfen, den einen Tag hast du verloren, den anderen Tag hast du gewonnen. Sind wir deshalb auf der Welt, um unser Leben gerecht zu ordnen? Was einem schwer gelingt. Ich wäre bestimmt in meinem Leben anders vorangekommen, wenn da nicht das Heim und die Pflegeeltern gewesen wären. Und man hätte mir nicht mein liebstes Kind gestohlen, ich hätte ein wunderschönes Leben ohne Angst und Panik haben können. Ich wäre heute Edelköchin und Schneiderin, weil das mein Kindheitstraum war, der bis heute andauert. Es ist doch kein Wunder, wenn man nach solch einer Kindheit und Jugend sein

Leben lang eine seelische Behinderung hat, die unheilbar ist. Die seelischen Narben heilen zwar, aber kaum wird man mit irgendetwas konfrontiert, schon platzt eine Narbe auf und du musst zusehen, wie du sie wieder heilst. Du bist ständig im Kampf mit deiner Seele, Angst und Panik, es könnte jemand dir deine Narbe verletzen.

Das geht vielen ehemaligen Heimkindern so. Wir Heimkinder sind eine Welt für sich und werden immer unter uns sein im Verständnis und Nachvollziehen. Und ich schäme mich zu erzählen, dass man mir meinen Sohn, mein liebstes Kind, weggenommen hat und dass ich im Heim groß geworden bin. Es kommt daher, dass man immer entmündigt wurde und nichts wert war. Es entsteht eine Erniedrigung, die uns eingetrichtert wurde und die man uns eingepflanzt hat. Damit sind wir aufgewachsen, obwohl bestimmt jeder versucht hat, diese Wurzel aus dem Gedächtnis und aus der Seele herauszureißen und auf einem Haufen mit Feuer zu vernichten. Aber das Feuer will es nicht verbrennen. Die Wurzeln haben eine Wirkung, die selbst das Feuer nicht verbrennen will oder kann. Hanna Ahrendt hat es auf den Punkt gebracht, indem sie sagte: „KEIN MENSCH HAT DAS RECHT ZU GEHORCHEN." Dies Zitat hätte in den Heimen hängen sollen. Ich glaube, meine Schnauze wäre besser gewesen. Ich hätte dafür aber mehr Schläge, Hunger, kein Trinken und dunklen Keller ertragen müssen. Aber ich verstehe die Ausbildung der Pädagogen nicht, wie kann man Kinder so erziehen – Vergewaltigungen, Schläge, Verweigerung von Essen und Trinken, Isolierung in vollkommener Dunkelheit. Das war mein erster Gedanke, als ich hörte, ich bekomme ein Kind. Dieses Leid sollte meinem Kind nicht zugefügt werden. Wenn ich ihm auch nicht alles würde bieten können, aber wenigstens, ihn jeden Tag lachen und glücklich zu sehen. Seine Seele sollte nicht einen Funken Schaden nehmen. Ja gut, das einzige war, dass ich immer Angst vorm Stillen hatte. Wegen des Heimleiters, der immer an meinen Brüsten rumgemacht hatte. Ich kann das Gefühl nicht erkären. Ich hoffe, es hat ihm keinen Schaden zugefügt.

(Ab hier mit dem Computer geschrieben)

21.11.2020

UNSER KÖRPER MAG KRANK WERDEN, UNSERE PSYCHE MAG DURCH KRISEN GEHEN, DOCH WIR SIND REINES BEWUSSTSEIN. WIR SELBST SIND DIE UNSTERBLICHE SEELE (aus einem Vortrag von Sukadev Brez, Yoga Vidja).

ICH GEHE SCHON LANGE DURCH TIEFE TÄLER DER DEPRESSION. DIE EINSAMKEIT AUCH DURCH CORONA HAT VIELES VERÄNDERT (Sandy im Yoga Vidja Blog).

Oft ziehe ich mich zurück in mein Schneckenhaus. Manchmal habe ich an der Vergangenheit mehr Freude, z.B. an Erinnerungen an die 70er bis 90er Jahre, als an der

Zukunft von heute. Ich fühle mich in der Zeit gefangen. Ach, wenn ich mich an alles bewusster erinnern könnte.

Gedanken kann man nicht aussortieren wie Papier. Das kommt zum Müll, das kommt in den Ordner. Gedanken zeigen sich manchmal untrennbar.

Der Winter ist für mich eine schlimme Zeit. Ich habe große Angst vor der Dunkelheit. Dann kommt das große Sterben von Natur, Menschen und Tieren bis zum Frühling, wenn alles wieder zum Leben erweckt wird. Dann geht es mir gut, ich fühle mich wie neugeboren und jung. Die Zeit wartet nicht. Veränderung bedeutet, manche Dinge nicht mehr zu mögen. Ich brauche eine Veränderung, wieder eine Wohnung, wo ich kochen, backen, töpfern und seidenmalen kann, dass alles wieder mit Freude mich glücklich macht. Lange werde ich nicht mehr leben. Aber es wird meiner Seele ein Stück Heilung geben.

Manchmal weiß ich nicht, ob ich weinen oder lachen soll. Durch die Einsamkeit merke ich, dass Misstrauen und Abgrenzung sich entwickelt haben. Niemand ist da, mit dem man reden kann, außer am Dienstag, da fahre ich zur Pettenkoferstraße. Aber es ist nicht die hundertprozentige Erfüllung. Wenn ich in UNSER HAUS bin und dann wieder nach Hause fahre, dann graust es mich oft, wieder in die WG zu kommen. Diesen Kampf kann ich nur besiegen, wenn ich meine eigenen vier Wände habe. Sich freuen auf die Wohnung: mein Traum.

VERTRAUEN IST EIN WORT, DAS MIR SEHR WICHTIG IST, DAS JEDOCH SEHR VIELE VERSCHIEDENEN BEDEUTUNGEN HAT. WIR KÖNNEN GOTT VERTRAUEN, DEM SCHICKSAL VERTRAUEN, UNS SELBST VERTRAUEN. ES GIBT VIELE ARTEN VON VERTRAUEN UND VIELE WEGE (Valentin in Yoga-Psychologie)

Moment, eine rauchen, bin gleich wieder da!

OK. Bin wieder da. Es gefällt mir zu schreiben. Papier ist geduldig.

Wie oft fällt man hin. Wie oft steht man wieder auf. Wie viele Male im Leben. Einmal müssen wir doch auf die Beine kommen, stehen ohne hinzufallen. Wie geht das im Leben? Hoch, runter, ist das das Leben? Es kann doch auch passieren, dass Aufstehen nicht mehr geht, weil der Körper und die Psyche zu schwach sind und alles an Kraft und Energie ausgeschöpft ist. Was nun?

23.11.2020

Wie kann ich wissen, was ich geschrieben habe? Es ist verloren gegangen. Dafür habe ich stundenlang am Computer gesessen. Das ist auf Papier oder mit Schreibmaschine besser, da geht es nicht verloren. Am Computer braucht man nur einen kleinen Fehler zu machen, schon war's das mit dem, was man geschrieben hat. Ich bin traurig, weil ich bis spät in die Nacht viel geschrieben habe. Und was ist passiert? Alles ist wie weggeblasen. Absturz ins Leere.

Seelische Erkrankungen werden immer nicht so ernst genommen wie körperliches Leiden.

04.12.2020

Nun, wie geht alles weiter? Jetzt beginnt für mich etwas Neues. Na ja, ganz neu ist es nicht, aber doch irgendwie neu. Lernen mit dem Computer umzugehen. Gar nicht so einfach. Irgendwann werde ich es können. Wichtig ist für mich, dass ich schreiben kann. Man kann ein Tagebuch schreiben, Biographie und Gedanken austauschen. Jetzt hatte ich schon einiges geschrieben, aber da ich nicht wusste, wie das mit dem Speichern geht, ist vieles von dem, was ich geschrieben habe, abhanden gekommen. Jetzt bin ich nur am Nachdenken, was es war, was ich da geschrieben habe. Dabei war es mir sehr wichtig, und es dreht sich bei mir im Kopf wie eine Mühle, die mahlt und mahlt, und ein paar Körner bleiben übrig, die ich zusammensetze, um herauszufinden, mit welchem Thema ich mich beschäftigt habe. Ich muss versuchen, einen Bruchteil wieder zu finden. Ich weiß, es war etwas mit der Mutter Natur.

Ich versuche es noch mal: Ein System verschwindet langsam. Wollen wir das zulassen? Wollen wir unserer Mutter Erde beim Sterben zusehen, Tieren, Pflanzen, Wasser, Bergen, Luft und allem, was die Natur uns schenkt? Der Duft der Heilkräuter und Blumen, der zarte Wind, alles ist wichtig für unsere Sinnesorgane. Wir müssen eine Entscheidung treffen. Werden wir weiter Kinderarbeit dulden und das Quälen von Tieren zum Töten? Das müssen wir anhalten und für unseren Planeten kämpfen. Nie war das Artensterben so groß wie heute. Beschützen wir diese Welt! Bringen wir den Kindern bei, dass unser Planet die Zukunft ist. Das wollte ich immer meinem Kind lehren: die Natur und nicht das Geld. Wenn ich davon höre, wie der Regenwald langsam stirbt, dann breche ich in Tränen aus und mein Herz zerbricht ... in Trauer. Wir sind ein Teil vom Ganzen. Wir alle können den Verstand benutzen. Eine Lösung muss her, denn wir sind es unseren Kindern und Enkelkindern schuldig, ihnen ein gesundes und glückliches Erbe zu hinterlassen. Das ist unsere Pflicht und wir wollen Vorbilder sein und keinen schlechten Ruf haben.

Wir sind Opfer von Plastik, Werbung und Glotze. Aber keiner spricht von den Schrecken der Kinderarbeit und Menschen, die im Müll suchen, um etwas zum Essen zu finden. Stehen wir unserem Planeten bei und kämpfen für ihn. Alles ist mit uns verwandt. Der ganze Planet ist Mutter, Vater, Schwestern und Brüder. Die höchste Macht ist und hat unser Planet. Wehe, wenn er mit Strafen kommt. Dann hätten wir ihn doch mal besser geachtet! Wenn alles vernichtet ist, was habt ihr dann noch von Eurem Geld? Geld kann man nicht essen und es macht auch nicht satt. Was nun? Öffne ich das Fenster, bekomme ich keine Luft. Öffne ich die Tür, falle ich in den Abgrund. Man kann Menschen brechen, wenn man ihnen das Liebste wegnimmt. Wenn erst der Planet vernichtet ist ... Einen zweiten Planeten gibt es nicht.

08.12.2020

Gestern Nacht hatte ich einen wunderschönen Traum. Ich träumte, ich wohnte in einem Holzhaus mit einem großen Garten, lebte zusammen mit Tieren: 2 Katzen, 2 Bernhardiner Hunden, 4 Schafen, 2 Ziegen, 6 Gänsen, 4 Hühnern, Igeln, die im Komposthaufen lebten und Vögeln, die ich im Garten hatte. Ich hatte den ganzen Tag mit Gartenarbeit verbracht und den Tieren Futter gegeben. Davon war ich so müde, dass ich mich schlafen legte. Morgens, als ich aufwachte und aufstand, waren die Tiere um mich herum. Alle sangen mir etwas vor. Die Katzen „miau", die Hunde „wau wau", die Schafe „mäh" usw. Also ging ich in die Küche, um mir einen Kaffee zu machen. Alle Tiere liefen hinter mir her und warteten aufs Futter. Ich sagte zu ihnen, ich mache euch, meine Liebsten, gleich etwas und gab jedem einen Kuss. Später merkte ich, dass ein Schaf fehlte, und geriet in Panik und Angst, durchsuchte das Haus und ging in den Garten zum Komposthaufen. Und was soll ich sagen, lag da das Schaf neben den Igeln, war das schön, und ich empfand ein Gefühl, dass ich dachte, hier wächst und blüht die Liebe. Da hat das Schäfchen die ganze Nacht die Igel beschützt. Wie herrlich, in so einer Welt zu leben. Freiheit und Liebe.

Dann wachte ich auf und musste erstmal nachdenken, ist es wahr oder nur ein Traum? Aber ein Traum, der mich fast den ganzen Tag sehr glücklich machte. Ich dachte, wenn es doch nur so wäre. Glück, Freiheit und Frieden. Leider war alles dann wieder vorbei und ich musste mir eingestehen, das gibt es nicht. Sind Träume Trugbilder? Oder machtvolle Phantasie? Träumst du was Schönes, ist der Tag seelisch ausgeglichener und auch dein Körper ist ausgeglichener und zufriedener. Bei Albträumen hast du Angst und Panik, bist in Schweiß gebadet, der Körper ist schlapp und lustlos und deine Stimmung ist schwankend. Doch nur selten erinnern wir uns an unsere Träume. Ist es so etwas wie nächtliches Kopfkino? Wenn ich einen schönen Traum hatte, wünschte ich mir, er müsste wahr sein oder werden. Habe ich Albträume, dann verfluche ich den Traum.

Jetzt beginnt wieder die schöne Weihnachtszeit, und ich denke gerne an meine Kindheit zurück. Im Heim Altencelle war Weihnachten immer sehr schön. Aber vorher mussten wir ein paar Tage hart arbeiten und den großen Saal blitzblank putzen, den Fußboden auf Knien mit Seifenwasser und Bürste im Kreis scheuern, dann Wischen und zum Schluss Einwachsen mit Bohnerwachs. Meine Knie schmerzten, waren rot geschwollen und wund. Die Erzieherin stand hinter uns und schrie uns

nur an: „Schneller und auf den Fußboden gucken!" Ich
guckte oft nach der anderen, die mit mir putzte. Ich wollte sehen, ob ihr das Spaß macht oder nicht. Sie guckte
mich auch oft heimlich an und sagte mir: „Wie die Olle
nur rummeckert". Sie hatte auch keine Lust. Ganz zum
Schluss mussten wir mit dem schweren Bohnerbesen gerade, Strich für Strich, alles blankbohnern. Als alles fertig
und blitzblank war, sagte die olle Erzieherin nicht mal,
dass wir das schön gemacht hätten. Am nächsten Tag
backten wir Weihnachtskekse, das war toll, da konnte ich
heimlich etwas vom Teig naschen. Die ganze Küche roch
nach Anis, Zimt, Nelken und Koriander, sowas von le-
cker! Danach schrie uns die Erzieherin an; „Holt euch
heißes Wasser und badet euch." Das Wasser mussten wir
über einen langen Weg von hundert Metern oder mehr
mit zwei Eimern aus dem Keller holen, danach ging es
mit zwei Eimern heißes Wasser wieder zurück. Dabei
habe ich mich oft verbrannt. Ich hatte immer Angst, in
den Keller zu gehen, aber ich freute mich aufs Baden.
Zehn Eimer waren zwar eine Qual, aber die Freude war
zu groß. Nach dem Baden konnten wir uns festlich an-
kleiden. Ich hatte ein rotes Kleid mit weißem Kragen,
dazu eine weiße Schürze, weiße Kniestrümpfe und
schwarze Lackschuhe, mit geflochtenen Zöpfen und einer roten Schleife dazu, was war ich stolz! Ich fand mich
schön. Im Stillen freute ich mich auf das Geschenk. Ich
konnte es gar nicht abwarten. Später gingen wir noch in

die Kirche und sangen Weihnachtslieder. Das Singen hat mir gut getan. Ich musste auch weinen. Viele von uns weinten. Als der Gottesdienst zu Ende war, gingen wir wieder zurück. Dann sollten wir vor dem Saal warten. Alle waren aufgeregt. Wir guckten durch das Schlüsselloch und sahen nur, wie sie den Baum schmückten. Endlich wurden wir herein gelassen. Dann standen wir alle im Kreis, in der Mitte der Weihnachtsbaum. Um den Baum herum lagen die Geschenke. Ich guckte nach den Geschenken. Wo mochte wohl meins sein? Erst mussten wir singen, dann ein Weihnachtsgedicht aufsagen. Dann endlich wurden die Geschenke verteilt, und es gab einen bunten Weihnachtsteller mit Obst, Süßigkeiten, Nüssen, Keksen und Baumkuchen, den ich nicht mochte. Den tauschte ich gegen Nüsse ein. Ich bekam alles, was ich auf den Wunschzettel geschrieben hatte. Bücher waren verboten. Schade. Ich habe Puppenkleider bekommen. Darüber freute ich mich sehr. Am meisten freute ich mich aber auf das lange Ausschlafen und darauf, dass wir nicht arbeiten mussten – und darüber, dass das Schlachten auch vorbei war. So ging es mir gut bis zum 2. Januar. Dann ging alles wieder von vorne los. Arbeiten und nichts als arbeiten. Am liebsten habe ich den Schweinestall und den Kuhstall sauber gemacht. Aber wir mussten oft bei Minusgraden auf dem Feld arbeiten. Das war meine größte Angst: Kälte und Hunger. Ich muss gestehen, irgendwie denke ich gerne daran zurück. Aber nur, weil ich mich für ein paar Tage sehr glücklich gefühlt habe.

Heute haben wir Corona, und das Glücksgefühl ist vorbei. Weil fast alles verboten ist. Früher hatte ich es immer noch mit getragen, heute ist Weihnachten nichts davon mehr da. Gleichgültigkeit. Lustlosigkeit. Meine Seele ist obdachlos. Leer, einsam, verloren taumle ich ohne Ziel durch meine Körperstraße hin.

23.12.2020 (INTERNET-RECHERCHE)

„Müdigkeit: Ursachen, Behandlung, Tipps" – www.netdoktor.de

Angsstörungen können ebenfalls mit Müdigkeit einhergehen.

„Ständig müde: Ein Arzt erklärt, woran es liegen könnte" - www.stern.de/Gesundheit

Müdigkeit kann viele Ursachen haben ... etwa ständiger Stress auf der Arbeit oder eine Angststörung.

„Burn-out" – www.zeit.de/Arbeit

Leserinnen und Leser haben uns erzählt, wie sich ein Burn-out anfühlt. ... Es fing damit an, dass ich immer müde war.

Ähnliche Suchanfragen zu „Bin immer müde und habe Angst"

- *Extreme Müdigkeit bei Depression*
- *Chronische Müdigkeit test*
- *Müdigkeit, Schlappheit, Antriebslosigkeit*
- *Müde, schlapp, antriebslos, Schwitzen*
- *Ständig müde und schwindelig*
- *Müdigkeit im Alter Ursachen*
- *Extreme Müdigkeit trotz Schlaf*
- *Kraftlos müde und ausgelaugt*

Seit Corona habe ich nur Kino im Kopf. Kino ausblenden, nur wenn der Schlaf ruft. Zurzeit bestimmt mein Leben, sobald ich aufstehe, egal, was ich höre oder sehe: nur Corona. Es ist eine Zeit gekommen, die mich voll aus den Fugen schlägt. Ich bin nicht mehr der Mensch, der ich vorher war. Vieles hat sich bei mir verändert. Ich bin einsam, sehr einsam. Angst, Panik, Depression. Ich wünsche mir oft den Tod. Ich glaube, dass das vielen so geht in der Corona-Zeit. Schade, dass das alles so gekommen ist. Was wird aus unserem Land? Zeit und Raum scheinen zu schrumpfen. Ich will mir das Leben, das mir noch bleibt, erträglich machen und mit der Freiheit leben. Freiheit ist das Leben.

10.01.2021

Ich hatte heute Nacht einen wunderschönen Traum. Ich träumte, mein Sohn, seine Frau und seine Tochter. wären gekommen. Erst kam mein Sohn hoch. Ich drückte ihn vor lauter Freude und gab ihm viele Schmatzer. Dann sagte ich zu ihm; „Komm, lass uns essen gehen!" Er sagte, ich solle noch warten, ging zur Tür und öffnete sie. Es kamen meine Schwiegertochter und meine Enkelin mit einem großen Umzugskarton herein. Ich sagte: „Ich ziehe noch nicht um." Dann sagten alle drei: „Guck doch erst mal rein!" Also machte ich die Kiste auf, und was sah ich da: eine ganz süße weiße Katze. Ich habe ich mich so gefreut, dass ich alle fest drückte. Meine Schwiegertochter schrie „Aua:", so fest hatte ich sie gedrückt. Dann wachte ich auf und wusste zuerst nicht, wo ich bin oder was los war. Ich guckte, ob die Katze da war, da war leider nichts. Ich war zuerst traurig. So ein Freudentraum und nichts davon ist wahr. Ich musste weinen. Ich frage mich, warum der schöne Traum mich so belogen hatte. Den ganzen Tag ging mir der Traum nicht aus dem Kopf. Dann sprach ich zu mir selbst: „Wie kann man so schöne Träume haben, die dann nicht in Erfüllung gehen." Aber mein Traum war auch realistisch, weil ich Katzen liebe.

Ich habe das Gefühl, es wird nicht noch einmal wieder so ein schöner Traum kommen. Weil die meisten meiner Träume immer Albträume waren.

11.01.2021 (INTERNET-RECHERCHE)

„Bedeutung der verschiedenen Augenfarben" – www.smileeyes.de
- *Was ist die häufigste Augenfarbe?*
- *Welche Charaktereigenschaften werden braunäugigen Menschen zugeordnet?*
- *Nur zwei bis vier Prozent der Weltbevölkerung hat sie: die seltenste Augenfarbe grün.*

„Urahn der blauen Augen" –www.sueddeutsche.de/Wissen
„Ursprünglich hatten wir alle braune Augen", sagt Eiberg, der Professor.

16.02.2021

Liegt das Gute vor uns? Es gibt Menschen, die anderes wollen und Konflikte anzetteln. Die Unzufriedenheit nimmt immer mehr Raum ein. Das Vibrieren, weil man denkt, früher war alles besser. Ist das ein Luxusphänomen? Es ist eine Zeit gewaltiger Umbrüche und Transformationen: Arbeitslosigkeit, Armut, Angst, Panik und Depressionen. In der Metamorphose drückt sich nicht die Liebe zu den Göttern aus, es geht um das Annehmen einer ganz anderen und neuen Gestalt, nicht die Raupe zum Schmetterling, wie es so schön heißt. Wir sollten mehr machen, nicht alles in den Weltraum geben, statt auf der Erde mehr zu machen. Das Problem löst sich nicht auf, sondern es verschiebt sich nur. Armut sollte global abgeschafft, Gesundheit global gefördert werden. Das Zusammenleben muss besser gemacht werden, sozial und ökologisch. Wir können nur existieren, wenn wir mit der Natur arbeiten. Pragmatismus. Das Recht auf Populismus gibt es nicht. Wieviel Optimismus ist nicht irgendwann verbraucht? Wegen der Corona-Krise hat der Optimismus keine Hoffnung mehr. Es heißt, es ist zu Ende, und dann wird es doch wieder verlängert, und es nimmt kein Ende.

Ich sehe nur noch, wo immer ich hingucke, sei es in den Scheinwerfern der Autos und sogar im Mond nur die stachelige runde Corona Kugel leuchten, nichts anderes. Kino im Kopf. Eingebrannt für den Rest des Lebens. Die Wahrheit ist immer dazwischen.

Was bestimmt für uns die Gegenwart, in der wir leben? Es geht nur ums Geld. Nur darum, immer mehr zu haben. Der Markt in der Gesellschaft ist der Mensch selbst. Der Mensch ist das einzige Tier, das selbst sterben kann. Wir brauchen einander wie das krumme Holz. Wir brauchen uns für die Liebe, das Vertrauen und die gegenseitige soziale Unterstützung. Wie kommt man zum Gehorchen, indem man selber denkt. Nieder mit der Voreinstellung. Haben und Sein.

Was liegt in unserer Macht? Dankbarkeit. Es liegt an uns, ob wir in die Sterne gucken oder in den Dreck vor unseren Füßen. Ich habe gelebt. Egal wie. Wir verlassen unseren Körper mit dem Universum. Die Würde des Menschen, der Tiere und der Natur. Ein neuer Umgang mit der Sprache, Alles teurer und schneller. Die Verantwortung, mit dabei zu sein. Die Welt geht uns alle an. Auch die Zukunft geht uns alle an, auch ganz persönlich in unserer Lebensgestaltung und bezogen auf die Werte des Marktes, in dem alles womit er in Berührung kommt, in ein Geschäft verwandelt wird. „BEVOR MAN DIE WELT VERÄNDERT, WÄRE ES VIELLEICHT WICHTIGER, SIE NICHT ZU GRUNDE ZU RICHTEN" (Paul Claudel).

Hätte ich früher Geld gehabt, hätte ich gegen Bezahlung mein liebstes Kind wieder bekommen, Korrupt waren die schon damals auf dem Jugendamt. Nicht zu gehorchen, muss man auch erst mal lernen. Wie schwer ist es, neu damit anzufangen. Wenn die ganze Kindheit nur aus Zwang, Schlägen, Hunger und einem dunklen Kellerloch mit einer dicken Panzertür davor bestanden hat. Ich habe gelernt, das durch Rache zu ertragen, mit einer Stoffpuppe, in die ich jeden Tag mit Nadeln gestochen habe. Für die Personen, die mir das alles angetan haben, auch das Jugendamt mit dem Vormund. Mir hat diese Rache geholfen. Eine Befreiung. Mein Inneres veränderte sich, aber der Hass blieb gegen Menschen, die zu laut reden, schreien oder die Hand heben und mir das Liebste wegnehmen. Gut, es wird nie vorbei sein in deinem Inneren. Die Seele ist mit Brutalität gefüttert worden. Diese Nahrung und der Geschmack bleiben bis zu deinem Tode.

Das Leben ist entstanden durch eine berechtigte Bitterkeit. Es vergeht kein Tag, wo du es nicht vergessen kannst. Erst gestern habe ich mit meinem Schatz, meinem Sohn, gesprochen und schon kam alles wieder hoch. Hier in der WG, in der ich zurzeit bin, passiert nichts. Man kommt sich vor wie ausgesetzt, verloren und vereinsamt. Wie in einem Gefängnis, nur mit Freigang. Wenn ich am PC sitze und an meinem Buch schreibe, gucke ich oft zum Fenster raus. Dann sehe ich die Blaumeisen und Spatzen, die unter meinem Fenster wohnen. Wie glücklich sie hin und herfliegen von Ast zu Ast, hoch zu den Wolken. Dann kommt mir der Gedanke, nehmt mich mit oder könnte ich auch so die Freiheit genießen. Es spielen sich viele Wünsche und Phantasien in meiner Seele und in meinem Gehirn ab. Warum bin ich nicht frei von Sorgen. Eine gespaltene Gesellschaft, in der wir in einer schweren Zeit leben.

Wegen einer stationären Augenbehandlung mit Vollnarkose habe ich viele Laufereien für die Krankenkasse und muss andere Menschen um Hilfe anbetteln. Es nervt. Ich bin froh, wenn ich das alles hinter mir habe. Ich danke denen, die mir in dieser Sache geholfen haben. Sie haben mir sehr mit den benötigten Papieren geholfen, auch mein Sohn. Alleine hätte ich es nicht gewusst und nicht geschafft. Es kommt vor, dass man Dinge nicht alleine schafft. Ich weiß nicht, ob es mit Unwissenheit zu tun hat oder einfach damit, dass man zu schwach ist. Deshalb soll man immer den Menschen Dankbarkeit zeigen, die einem in schwerer Not zur Seite stehen und uns helfen.

Schon blicke ich automatisch wieder in meine Kindheit zurück, wie im Heim die Küchenfrau mir heimlich etwa zu essen gegeben hat. Ich kann Menschen nicht vergessen, die mir geholfen haben. Die werden immer in meinem Herzen sein, so lange es schlägt.

In der Corona-Zeit leiden viele Menschen an posttraumatischen Störungen. Angst, Panik und Depressionen. Grausame Zeit. Selbst ich habe es zu spüren bekommen. So wird es vielen ergehen. Traurig. Besonders zu spüren bekommt man es, wenn man mit vielen Menschen zusammenlebt. Wie viele bauen ab. Eingeschlossen, kein Besuch. Und wenn einer krank wird oder stirbt, heißt es Corona. Dabei gibt es ganz andere Leiden. Manche stehen stundenlang am Fahrstuhl und denken, jetzt kommt meine Tochter, Enkelin usw. Es macht mich traurig. Wie kann so etwas passieren? Woher kommt die Grausamkeit, Menschen das höchste Gut, die Freiheit, zu rauben, die letzte Freude, die ihnen noch im Leben bleibt. Wenn die Normalität wieder zurückkommt, ist dann alles vorbei?

Wird das gespaltene kalte und lieblose Land einen neuen Anfang finden? Es hat sich tiefgreifend etwas in der Gesellschaft verändert. Eine Krise vergisst man nicht. Was geschehen ist, ist unverzeihlich, mehr Kapitalismus als sich um die Menschen zu kümmern. Politik der sozialen Kälte: die kleinen Anleger, die am Boden liegen, die von heute auf morgen nichts mehr besitzen, die brav Steuern, Krankenkasse und Rente eingezahlt haben und jetzt gezwungen werden, auf Knien zu kriechen. Was für ein Schock. Posttraumatisiert sind die für ihren Fleiß belohnt worden. Sie können keinen klaren Gedanken fassen: Albträume, Angst, Panik und seelischer Verfall. Wie kann die Politik so etwas einem Volk antun? Tragen schwarze Masken, pervers, sagen damit, die Todespest ist im Umlauf. Fragen sich doch auch, warum trägt der oder die eine schwarze Maske. Kinder können dadurch einen Schock bekommen. Daran merkt man, dass es Menschen gibt, die weder denken noch gebildet sind. Oder wollen die einen Orden bekommen: ich zeig' euch die Pest? Wenn Masken, dann frohe Masken, wo das Leuchten in den Kinderaugen aufgeht. Jedes kleine Wesen in der Natur, wenn das verschwindet, verschwinden unsere Kinder, unsere Enkelkinder und das ganze Ökosystem.

Heute Nacht hatte ich einen Albtraum. Ich träumte, dass hier in der WG alle Bewohner auf mich einschlugen und ich ganz laut um Hilfe schrie. Als ich aufwachte, schrie ich immer noch weiter um Hilfe. Dann wurde mir bewusst, dass alles nicht so ist, bekam dann Panik, dass jemand den Hilferuf hören würde. Dann schlief ich wieder ein. Wir leben in einem Traum, wir erwachen in einem Sterben.

GEBRECHEN DER SEELE SIND WIE WUNDEN DES KÖRPERS: WIE SORGSAM MAN SIE AUCH ZU HEILEN SUCHT, DIE NARBEN BLEIBEN, UND IMMER BESTEHT DIE GEFAHR, DASS SIE AUFBRECHEN (Francois VI Duc de la Rochefoucauld).

Wir und die Welt waren einmal eins, jetzt ist alles geteilt, jeder nur für sich.

DIKTATUR IST EINE HERRSCHAFTSFORM, IN DER EINE REGIERENDE GRUPPE VON PERSONEN WEITREICHENDE UNBESCHRÄNKTE POLITISCHE MACHT HAT (educalingo.com).

Missbrauch einer Krankheit, um ein Volk ausbluten zu lassen. Wie krank sind die Menschen, die da mitspielen und es dulden? KEIN MENSCH HAT DAS RECHT ZU GEHORCHEN (Hanna Arendt). Nun ereignet es sich wieder. Sind wir wieder auf demselben Weg, den wir schon einmal hatten und dabei gestolpert sind und dabei viele Wunden davon trugen. Haben wir von diesem steinigen, gefährlichen Weg nichts gelernt? Stellt euch mal vor: eines Tages kommt die Wahrheit vor's Volksgericht. Wie viele Millionen Menschen stehen da als Angeklagte. Was nun? Was sagt ihr dem Gericht? „Wir wurden dazu gezwungen". Der Richter antwortet: „Sie haben aber doch einen gesunden Menschenverstand", und er sagt, dass man sich keinem, der lügt, auf Befehl unterordnen soll. Was nun? Jetzt bricht dein ganzes Innere in dir mit unglaublich schlechtem Gewissen zusammen. Am meisten tun mir die Kinder leid. Mit was für traumatisierenden Störungen sie aufwachsen.

MENSCHEN MIT MYSOPHOBIE HABEN EINE ÜBERHÖHTE SENSIBILITÄT FÜR SCHMUTZ. SIE SEHEN ÜBERALL BAKTERIEN UND DRECK. SIE FÜRCHTEN SICH DA-

VOR, SICH ANZUSTECKEN UND KRANK ZU WERDEN (www.aerzteblatt.de).

Jetzt kommt es: Über Corona wird auch verbreitet, wie schlimm es ist. Gerade die Menschen mit Mysophobie können dadurch in eine ganz schwere Lage kommen. Es können ganz schlimme Panikgefühle und Panikattacken auftreten. Wie schlimm muss es für diese Menschen sein? Diese Menschen verlassen nie mehr ihr Zuhause. Sie verhalten sich so, dass sie möglichst mit Nichts in Berührung kommen, geben keinem Menschen die Hand, streicheln keine Tiere, vermeiden Haltestangen, was ich oft in Bahnen und Bus beobachtet habe. Haben Politik und Gesundheitsamt mal darüber nachgedacht, dass es noch andere Krankheiten gibt als nur Corona? Es ist eine Schande, kranke Menschen noch weiter und tiefer in die Zwangsisolation zu stecken.

HABE MUT, DICH DEINES EIGENEN VERSTANDES ZU BEDIENEN (Immanuel Kant), auch in der Corona-Zeit.

WIR LEBEN IN EINEM GEFÄHRLICHEN ZEITALTER. DER MENSCH BEHERRSCHT DIE NATUR, BEVOR ER GELERNT HAT, SICH SELBST ZU BEHERRSCHEN (Albert Schweizer).

Ich habe keine Angst zu sterben, aber ich habe Angst, euch zu verlieren, weil ich euch sehr liebe. Soziale Beziehungen, wie es sie zurzeit nicht gibt, sind sowohl die Basis für Glück als auch für Sinn. Dabei entsteht Sinn durch den Beitrag von mir für andere Menschen. Glück entsteht durch das, was ich erhalte. Woher kommen wir? Wohin gehen wir? Warum sind wir auf der Erde? Wie sollen wir hier leben, um unseren Daseinszweck zu erfüllen? Die Menschen sind nicht mehr mit den Gesetzen der Natur in Einklang. Es geht ihnen um Macht, Gier und Egoismus. Sie schaffen ihre eigenen Gesetze, denen sie sich als Sklaven unterwerfen. Tiere, Pflanzen, Wasser, Sonne und Mond sind es, die sich an die göttlichen Gesetze halten. Es gibt keinen zweiten Planeten, zu dem wir auswandern können. Es entsteht ein Holocaust an der Natur. Wir alle sind durstig nach Gerechtigkeit. Wie grausam Schmerzen sein können, so ist der Tod doch eine Gnade und Erlösung. Oft folge ich abends den Sternen, sie sollen mir etwas sagen, aber sie halten sich in einem glanzvollen Schweigen. Wir haben verlernt, dass der Mond, die Sterne, der Wind und die Sonne ihre eigene Sprache haben, die sie uns auch zu verstehen geben. Ich beuge mich vor den Gestirnen. Wir haben verlernt, die Sprache unseres Planeten zu hören und zu schweigen. Wenn du für den Tod bereit bist, folge, bevor er kommt, der Straße zur Herrlichkeit der Gestirne, der Milchstraße. Dann kannst du dem Tod, er ist sanft, schön und liebevoll, die Hand reichen zur Unendlichkeit. Folge mir. Die größte Liebe ist der Tod. Hoffe, dass du ihm mit einem Gefühl des Respekts ohne Furcht vor unserer lieben Mutter begegnen kannst, unserer Mutter Erde, die uns ernährt, den Durst stillt und liebevoll Gesundheit geschenkt hat. Was haben wir aus unserer Liebe zur Mutter Erde gemacht? Wir haben sie vergewaltigt, beraubt, bespuckt und aus Habgier mit Blut getränkt. Daran erkennen wir, wie krank die Menschen sind. Was wollen wir den Kindern und Enkelkindern sagen. Wir können keinen Koffer mit uns tragen mit einem zweiten Planeten. Selbst Mutter Erde unterwirft sich den Gestirnen. Was mit dem Regenwald geschieht und was sich da abspielt, ist ein Raubzug, ist Krieg. DER SCHÖPFER ÜBERLIESS UNS DIESE wunderschöne WELT, UM SIE ZU VOLLENDEN UND NICHT ZU ZERSTÖREN (Hubert Michelis). Unser Planet ist unsere Heimat und unser einziges Zuhause. Sag, wo sollen wir denn hingehen, wenn wir ihn brutal zerstören?

Angst verringert die Produktivität. Wir leben ständig mit der Angst. Oft muss ich meine Gefühlskontrolle steuern, um meine Gefühle zu kontrollieren – durch die schwierigste Zeit. Oft richte ich mich nach einem Ampelsystem. Leuchtet die Ampel grün, darf ich frei leben, leuchtet sie gelb, muss ich mich zurückziehen, leuchtet sie rot, ist Sprechen, Kontakt und Zuneigung verboten. Vieles läuft schief in unserer Welt. Wie sind in einer Gefängnis-Gedankenwelt gefangen. Die Dynamik ist gestört. Die WELTBEZIEHUNG ist zerstört (vgl. Hartmut Rosa, TAZ). Das zu vergessen, macht zwar Freude, auch wenn das die einzige Lösung ist, kann man das auf Dauer nicht verdrängen. Auf Dauer tötet es die Seele.

22.02.2021

Gestern war ich im Gertrauden Krankenhaus zur Voruntersuchung wegen der stationären Augen-OP und wegen Vollnarkose. Mir hat die Narkoseärztin erklärt, dass ich vielleicht danach wegen der Lunge an eine Maschine angeschlossen werden müsste. Ich habe ihr gesagt, dass ich eine Patientenverfügung habe. Sie sagte, die sollte ich unbedingt zur OP mitbringen. Dann sagte ich zu ihr, dass ich die Narkose schön finde, und sollte ich nicht mehr aufwachen, wäre es auch gut, da es seit langem mein sehnsüchtiger Wunsch ist zu sterben. Sollte es passieren, würde ich ihnen keine Schuld geben. Sie schwieg. Aber wenn es so kommen sollte, wäre ich traurig, dass ich mich von meinen Liebsten nicht verabschieden kann und mich auch nicht für alles, was sie für mich getan haben, bedanken kann. Das wäre kein schönes Sterben. Ihre Seelen werde ich mitnehmen. Damit ich nach dem Tod weiter in Kontakt bleibe. Irgendwie spüre ich, dass ich nicht mehr aufwachen werde. Ich will nur mein Leid beenden, nicht das Leben. Wie sich aus dem Nichts heraus das Blatt wendet. Indem wir die Macht unserer Gewohnheiten durchbrechen, ergeben sich überraschende Lebensperspektiven, die uns in großen Schritten voranbringen.

DOCH OHNE UNSERE BEREITSCHAFT, RISIKEN EINZUGEHEN, IST UNS DAS GLÜCK NICHT HOLD. WENN WIR DEM ZUFALL KEINE CHANCE GEBEN, BLEIBT DAS

GLÜCK UNVERFÜGBAR. VIELES KOMMT OHNEHIN AN-
DERS, ALS WIR DENKEN, UND DAS IST DAS BESTE, WAS
UNS PASSIEREN KANN.

FALLS WIR IM FRÜHSOMMER 2021 EINE NAGENDE
UNZUFRIEDENHEIT VERSPÜREN, FÜR DIE WIR KEINE
PLAUSIBLE ERKLÄRUNG FINDEN, DANN KÖNNTE DIES
DARAN LIEGEN, DASS WIR DEN ZUGANG ZU UNSERER
SCHÖPFERISCHEN QUELLE VERLOREN HABEN. STATT
AUF DIE GÖTTER ZU VERTRAUEN UND UNS IN DER
WELT GEBORGEN UND AUFGEHOBEN ZU FÜHLEN (...)
AUCH WENN DIE VERSUCHUNG GROSS IST, UNS IN
SCHEINWELTEN ZU FLÜCHTEN, KÖNNEN WIR UNSE-
REN DURST NUR DADURCH LÖSCHEN (...) (KGS Berlin,
Magazin für Körper, Seele und Geist).

23.02.2021

Die jetzige Corona-Zeit ist besonders für die Menschen, die noch Erinnerungen an den Zweiten Weltkrieg
haben, eine sehr schwierige Zeit. Aber auch alle anderen
Menschen und die Kinder leiden seelisch sehr unter Kon-
taktlosigkeit. Es fehlen Wärme, Liebe, Sozialleben, spielen, sich verständigen, miteinander sprechen, kommuni-
zieren. Was sollen wir tun? Wenn die Wirtschaft zusam-
menbricht und die Menschen dadurch alles verlieren,
wenn die Kinder hungern oder krank sind, dann passiert
nichts. Das ist die Krise, die wir heute haben. Man muss
es sich mal vorstellen, wie grausam es ist in vielen Alten-
heimen, Pflegeheimen und Krankenhäusern, Einrichtun-

gen, deren Bewohner ohne Kontakt sind und traurig, dass die Liebsten nicht bei ihnen sein können. Ich kann mir nicht vorstellen, dass man sich auf Distanz nah sein kann. Wie soll das gehen? Bei Verstummen des Mundes, bei „Geh' mir aus dem Weg!", bei „Bleib' mir vom Leib!", bei Abstand, der statt Sprechen Schreien erfordert. Es ist eine Angst-und Panikkrise, sonst nichts. Viele haben ihre Freude aufgegeben, sehen keinen Sinn darin. Wenn ich das schon höre: „Wir schaffen das!". Wann? Wenn alles verloren ist, was Menschen jahrelang aufgebaut haben, die sich darauf gefreut haben, in Rente zu gehen. Es gibt Gebote, die moralisches Handeln vorschreiben, aber nicht das Recht geben, die Freiheit zu entziehen.

DER MENSCH LÄSST SICH IN SEINEN ÄNGSTEN LEICHT ZU HEXENJAGDEN HINREISSEN. MAN BRAUCHT NUR „LEUTE MIT SCHWARZEN KAPPEN" ALS DIE BÖSEWICHTE HINZUSTELLEN, UND DAS HINMETZELN VON LEUTEN MIT SCHWARZEN KAPPPEN KANN BEGINNEN. DIESE EIGENSCHAFT MACHT ES DERE ANTISOZIALEN PERSÖNLICHKEIT SEHR LEICHT, EINE CHAOTISCHE UND GEFÄHRLICHE UMWELT ZUSTANDE ZU BRINGEN (german.scientology.handbook.org)

27.02.2021

Ich muss hier aus der WG raus. Hier gehe ich erst recht zugrunde, sowohl seelisch wie gesundheitlich. Was habe ich mir da eingebrockt? Auf was habe ich mich eingelassen. Es macht mich so wütend, dass ich mich nicht konzentrieren kann. Dazu noch die Isolation. Es ist eine gefährliche Mischung für mich und auch für andere Menschen wie die in den Pflegeheimen, aber auch die Menschen, die häusliche Pflege in der eigenen Wohnung bekommen und die Menschen in Krankenhäusern, ein soziales und psychologisches Problem. In der Einsamkeit ist man GEFANGEN WIE IN EINEM EISERNEN KÄFIG (Janosch Schobin). Der Corona-Lockdown bedeutet für viele bittere Einsamkeit. Das betrifft nicht nur Ältere und Kinder sondern ist auch ein gesellschaftliches Problem. Die Einsamkeit fühlt sich so an, als ob wir abgeschnitten von der Welt sind. Zusätzlich erzeugt sie ein Gefühl wie körperliche Schmerzen. Jüngere Menschen erleben Einsamkeit derzeit auch sehr stark. Es ist eine Zeit des Wahnsinns. Ich habe so ein großes Glück, dass es sehr liebe Menschen aus meinem Verein UNSER HAUS in der Pettenkoferstraße gibt. Die hat mir der Himmel geschickt. Ich bin ihnen sehr dankbar und möchte es sehr gerne gut machen. Dafür sind sie immer in meinem Herzen. Wenn man nur nicht ein schlechtes Gewissen dabei hätte. Es ist einem schon peinlich, wenn man Hilfe in Anspruch nimmt. Irgendwie plagt mich das Gewissen. Selbst im tiefsten Kerker haben sie mir geholfen. Vom ersten Tag an wusste ich, und das sagten mir mein Verstand und mein Herz, hier bin ich richtig, hier hast du Verlass, hier stehst du nicht alleine da. Mit der Zeit wurde es zu meiner Heimat. Hier bist du aufgehoben, verstanden in schwerem Leid, Trauer und Ängsten. Hier wirst du nicht im Stich gelassen. Ich habe in UNSER HAUS ein so großes Vertrauen gefunden, wie ich es nie sonst erlebt habe, Menschen mit Verständnis, Warmherzigkeit und Mitgefühl. So etwas gibt es nicht ein zweites Mal. Ich habe sie sehr gerne um mich und an meiner Seite. Ich kann mich nur sehr oft wiederholen, vielen tausend und herzlichen Dank an alle. Ich fühle mich zurzeit sehr einsam, verloren, verzweifelt, stehe unter Schock (eingesperrt in einem Kerker) wegen Corona. Wie kann das sein? Dass man uns so etwas antut. Warum? Menschen solchen seelischen Qualen auszusetzen. Wie kann man so etwas tun? Also, gesund kann der Mensch nicht sein, der Menschen so einem Trauma aussetzt. Es gibt kein Paradies auf Erden, nur noch die Hölle. Eines Tages wird es überall brennen. Das Feuer wird uns strafen. Es wird für keinen ein Entrinnen geben. Wir sind schon auf dem richtigen Weg zum Weltuntergang. Ich glaube, Gott alleine wird es nicht schaffen können, uns alle zu retten. VIELLEICHT GIBT ES EINE RETTUNG (Klabund). Nun bin ich wieder eingesperrt in einer Corona-Falle. Ich dachte, durch den Umzug wäre ich davon befreit, leider alles vergebens. Wie oft muss ich dieses Trauma Einsperrung erleben und ertragen. Ich kann nicht mehr. Meine Seele ist mit dieser Angst und Panik am Bluten und kein Arzt ist da, der mir die blutende Wunde verbinden kann. Mir schwebt nur eins im Kopf: der Tod. Wie kann ich weglaufen, um mich vor meinen seelischen Schmerzen zu schützen. Jedes Mal, wenn ich denke, ich schütze meine Seele und füge ihr kein Leid zu, kommt es anders. Jetzt muss wieder neue Kraft geschöpft werden, aber was tun, wenn es keinen Tropfen Kraft mehr gibt? Meine Seele ist so verletzt. Jetzt sorge ich mit allem Denken um meine Seele, damit die Wunde gut verheilt. Es ist gut und schön, liebende Menschen um dich zu haben, die Kraft und Mut schenken, aber es ist nur der Moment, an dem du in ihrer Nähe bist und mit ihnen redest. Aber was ist danach, wenn sie nicht mehr in deiner Nähe sind. Dann bist du wieder mit deiner blutenden Seele allein. Und dann kommt eine Weile nichts, dann freue ich mich auf den Tag, an dem ich meine Liebsten wiedersehe, und der seelische Schmerz weg ist. Gut so. So kann die Seele sich von den Wunden erholen und ein bisschen heilen. Nur gute Freunde können dir den Schmerz lindern und Stück für Stück zum Heilungsprozess beitragen. Du musst auch bereit sein, es anzunehmen, dich glücklich fühlen und den Gedanken haben, wie gut, dass es Menschen gibt, die dir nahestehen und dir helfen, vom Hinfallen wieder aufzustehen. Wie ein kleines Kind. Ich habe all das den Menschen in UNSEREM HAUS, Pettenkoferstr. zu verdanken. Deswegen sage ich, ich habe keine Angst zu sterben, aber ich habe Angst, euch Liebende zu verlieren. Weil ich euch sehr liebe. Oft bin ich unfähig, das Geschehen in Worte zu fassen.

Jede Nacht, bevor ich einschlafe, habe ich Angst vor Alpträumen. Dann bekomme ich Schweißausbrüche und Herzrasen. Dann verfalle ich in eine schwere Depression, wodurch ich den Alltag nicht mehr bewältigen kann, liege nur noch im Bett und komme nicht mehr hoch. Manchmal kommen immer wiederkehrende Erinnerungsbilder und dann bekomme ich Angst, verrückt zu werden. Bei Angst, Panik, Ekel oder Wut habe ich es schwer, mich im Zaum zu halten. Es hat so eine Macht, dass man sich, um nicht irre zu werden, unterwirft. Ich brauche nur ein Baby, Kind oder Tier schreien oder weinen zu hören, schon spielt sich bei mir geistig und seelisch eine hochgradige Veränderung ab. Wie betäubt möchte ich am liebsten nur wegrennen, nur rennen. Wie ein Film spielt sich das alles wiederholt ab. Angst vor der Ohnmacht. Jeden Tag erlebe ich es. Sei es im Bus, in der S-Bahn oder sonstwo kommt das Erlebte durch Bilder, Geräusche, Gerüche oder Gedanken wieder hoch. Dadurch bin ich immer angespannt. Meistens versuche ich alles, um Situationen zu vermeiden, die mich an das Trauma erinnern könnten, immer auf der Flucht vor mir selbst und dem Trauma. Wenn es so ist wie jetzt in der Corona-Zeit, dann ist nichts so, wie es einmal war. Das Erlebte zeigt mir, wie ohnmächtig und hilflos ich bin. Oft verdränge ich es in mein Unterbewusstsein, wo es dann gespeichert wird und mein Herz und meinen Kreislauf beeinflusst. Die Erziehung, die ich als Kind erlebte, war nur Willkür, unnötige Strenge und Gewalt. Das Unterbewusstsein beeinflusst meine Handlungen. Während des gesamten Lebens ist es durch die negativen Erfahrungen und Gefühle geprägt und unbewusst richtet sich mein tägliches Verhalten danach aus. Ich empfinde Angst oder Stress, wenn ich durch bestimmte Situationen unbewusst an Früher erinnert werde. Oft führt es zu negativen Verhaltensmustern oder negativen Gefühlen, Einsamkeit, Krankheit, Depression. Die Corona-Zeit hat mich aus der sehr schönen Welt vollkommen aus der Bahn geworfen. Ich hatte menschliche Nähe, Heimat und Wärme, die mich glücklich machte, in UNSER HAUS gefunden. Jetzt empfinde ich es anders. Sprechen mit Abstand. Schreien. Das macht mich traurig. Oft habe ich auf dem Nachhauseweg geweint. Angst, dass mein seelisches Glück zerbricht. Dabei ist mir nicht klar, warum das so ist, mein Bewusstsein sträubt sich. Ein ganz großes Dankeschön an alle, die mich in der schwierigsten Corona-Zeit unterstützt und mir mit Rat und Tat zur Seite gestanden haben. Was für ein schönes und glückliches Gefühl, das für mich einen großen Einfluss auf mein einsames seelisches Dasein hat.

Schreiben hat zwei Seiten. Die eine ist, als ob du mit jemand redest, du fühlst dich befreit, lässt deinen Sorgen, deinem Kummer und deinen Sehnsüchten freien Lauf. Es geht dir gut. Danach liest du die Zeilen, und schon ist es anders, indem es dich sehr nachdenklich macht, und du denkst, kann ich es so stehen lassen, muss ich es verändern oder streichen. Schreiben ist ein Kampf mit dir selbst. Entweder man streicht es, ändert es oder du bist damit zufrieden. Dann kommst du an den Punkt, da fällt dir so viel zum Schreiben ein, dann schreibst du ohne Ende und dann fühlst du dich leer und ausgeschöpft.

Ich gehe schnell mal eine rauchen. OK. Bis gleich. ---

Bin wieder da. Hätte ich die Liebe von den liebenden Menschen nicht, wäre ich ein Nichts. Corona ist und bleibt ein Schock, Menschen auf der ganzen Welt, die aus ihrem Alltag gerissen sind. Doch ich hoffe, dass dieser Schock schnell vorüber gehen wird.

28.02.2021

Heute spielte ich mit H. auf dem Bildschirm Kniffel–online. Das hat einen riesigen Spaß gemacht. Wie gut, dass es so etwas gibt, um die Corona-Trauer zu vergessen. Wenn die Corona-Krise irgendwann überstanden ist, was wird dann? Wird dann alles so werden, wie es vorher war? Nein, das glaube ich nicht. Nichts wird mehr so sein wie vorher. Wie wird unsere Welt dann aussehen? Darum geht es. Die Rückkehr zur Höflichkeit, nachdem totale Isolation und permanente Angst die neue Wir-Kultur geworden sind. Für die Rückkehr der HÖFLICHKEIT sind wichtig GUTE NACHBARN UND EIN BLÜHENDER GEMÜSEGARTEN (Matthias Horx). In der totalen Isolation werden viele Menschen von der Angst beherrscht. Bei mir hat sich das so ausgewirkt: Angst vor dem Fremden, Angst vor Keimen, Angst vor zu viel Nähe. Staaten schotten sich voneinander ab, das Individuum isoliert sich. Immer mehr Menschen flüchten aus den Städten aufs Land, weil sie damit das Gefühl verbinden, nichts mehr mit Corona zu tun zu haben. Manche lernen, sich selbst zu versorgen. DIE KOMMUNIKATION WIRD, AUS ANGST VOR ANSTECKUNG NAHEZU VOLLSTÄNDIG IN DEN VIRTUELLEN RAUM VERLAGERT (Szenarien des Zukunftsinstituts). Unsere Gesundheit und unser ganzes Leben werden ständig überwacht. ANGST UND MISSTRAUEN LASSEN DEN RUF NACH VERLÄSSLICHEN DATEN LAUTER WERDEN (ebd.) Ich finde Corona auch sehr widersprüchlich und ungerecht. Wie kann es sein, dass die, bei denen der Test ein negatives Ergebnis hat, die also gesund sind, genauso behandelt werden wie die positiv Getesteten, also Kranken. Wenn einer TBC hat, kann man doch auch nicht ein ganzes Land einsperren. Es ist eine reine Willkür, ohne Rücksicht auf die objektiven Gegebenheiten je nach Laune. Das ist ein Verhalten und Handeln nach eigenem Gutdünken, Herrschaft in der Form von Beschränkung oder Zwang aus eigener Machtvollkommenheit, die eine Missachtung der Interessen anderer bedeutet. Blindlings sind wir in eine Katastrophe getrieben worden, die aus Lügen besteht. Gehorchen, Folgen, Ergebensein. DIE CORONA PANDEMIE WIRKT WIE EIN GLOBALES BRENNGLAS: SIE STEIGERT

DIE SOZIALE UNGERECHTIGKEIT, INDEM SIE ARMUT UND NOT IN VIELEN TEILEN DER WELT VERSCHÄRFT (Volkswagen-Stiftung). Soziale Ungerechtigkeit in der Pandemie. Das Virus kennt keine Gerechtigkeit. Was gerecht oder ungerecht ist, ist, wie der Staat mit den Auswirkungen der Pandemie auf die Gesellschaft umgeht.

DIE WICHTIGSTE AUFGABE WIRD ES SEIN, NICHT NUR DIE BESTEHENDE, SONDERN AUCH DIE DURCH DIE PANDEMIE NEU ENTSTEHENDE UNGERECHTIGKEIT ZU KORRIGIEREN (Marcel Fratzscher).

Warum wütend werden, wenn man nichts mehr vom Leben hat? Ich bin eingeschlossen und fühle mich sehr einsam. Es raubt mir alle Sinne. Wenn mich einer fragen würde, was für mich die schlimmste Folter ist, wäre die Antwort: Freiheitsberaubung, kleine dunkle und enge Räume. Jeder empfindet eine seelische Folter anders, je nach den Handlungen. Es ist etwas ganz Schlimmes, denn DIE SEELE IST DIE GESAMTHEIT VON FÜHLEN, EMPFINDEN UND DENKEN (Duden). Psyche. Die Seele fühlt, denkt und hat Bewusstsein. Man sagt, GOTT HAT DEN MENSCHEN MIT EINER SEELE GESCHAFFEN. DIE SEELE IST DAS WICHTIGSTE EINES MENSCHEN. WENN EIN KÖRPER STIRBT, LEBT DIE SEELE BEI GOTT ODER IM REICH DER TOTEN WEITER. MAN SPRICHT DESHALB VOM „EWIGEN LEBEN". GLÄUBIGE MENSCHEN SIND SICH NICHT IMMER EINIG, WAS GENAU EINE SEELE IST (Klexikon = Kinder-Lexikon). Alles hat eine Seele: Tiere, Pflanzen, Wald, Bäume, das Meer, die Luft und sogar der

Himmel. So denke ich über die Seele. Wir denken immer an das, was verstorben ist, Mutter, Vater, all das, was man liebte. Also lebt die Seele immer weiter. Unsterblich ist nur die Seele.

Heute Nacht hatte ich wieder einen Albtraum. Mein Herzschlag wurde immer schneller. Angst machte sich breit, dann rannte ich durch den Wald, schrieb um Hilfe, rannte, schrie wieder ganz laut um Hilfe. Ich wachte schweißgebadet auf. Zum Glück war es nur ein Traum. Diesen Traum träumte ich schon oft. Wann hört das auf? Ich musste als Kind zur Strafe barfuß mit kurzer Sporthose und Sporthemd durch Schnee und Kälte in den dunklen Wald, und die Erzieherin schrie mich immer an: „Jetzt renne, aber schnell!". Ich hatte große Angst und rannte. Sie schrie. Dann stand sie vor mir. Dann schrie sie wieder „Rennen!". Als ich rannte, hörte und spürte ich jemand hinter mir, es knackste. Meine Angst war so groß, dass ich die nicht beschreiben kann. Ich war so durchgefroren und weinte. Was habe ich gefroren. Kälte ist für mich etwas ganz Schlimmes. Jetzt durch die Corona-Krise hat sich mein Trauma sehr verschlechtert. Ich wollte sogar schon in den Hungerstreik gehen. Lieber Sterben als mit der Einsamkeit und eingeschlossen ohne Sinn weiterzuleben.

02.03.2021

Freiheit kann bedeuten, dass man so aussehen kann, wie man möchte, oder zu tun, was man will. Manchmal lässt man sich aber doch Dinge oder Looks auferlegen, die man gar nicht mag. Schluss damit, sich einschränken zu lassen. Als Kind wurden mir nur Freiheiten geraubt, und ich wurde unter Zwang genommen, z.B. kein Essen trotz großem Hunger nach schwerer körperlicher Arbeit auf dem Feld, kein Trinken, nicht sprechen oder im Schrank oder Keller eingesperrt werden, ohne Licht, eng und sehr klein. Wenn man Gerechtigkeit forderte und sich gegen Ungerechtigkeit wehrte, bekam man Schläge. Aber irgendwie habe ich mir immer, und war ich auch noch so klein, die Freiheit nicht nehmen lassen.

Moment, ich muss eine Pause machen mit dem Schreiben. Es fällt mir sehr schwer, über meine Gefühle zu schreiben. Alles ist im Moment wie in einem Film. Es tut nur weh. Es geht bald weiter.

Ich habe immer für meine Freiheit gekämpft. Niemals würde ich, und sei es für Gold, meine Freiheit aufgeben. Sich für die Freiheit entscheiden, ist wie eine Entscheidung zwischen Gut und Böse. Freiheit und Tod haben ein gemeinsames Band. Jeder hat die Wahl zwischen frei und unfrei. Tiere werden eng an eng in Ställen ohne Tageslicht gehalten und ohne Bewegung, die ihr soziales Leben in der Natur ausmacht. Auch sie schreien nach

Freiheit, nur wir hören sie nicht, qualvoll und grausam der Freiheit beraubt, wie beschämend. Der Mensch ist so gierig, dass er alles haben will und dazu noch die Einschränkung der Freiheit in Kauf nimmt. WER NACH DÜRFEN UND SOLLEN FRAGT, BEWEGT SICH IM BEREICH DER MORAL (Hilal Sezgin). Und das wird für alle folgenden Überlegungen auch vorausgesetzt, dass es nämlich Moral zwischen Menschen gibt. Wir versuchen, andere Menschen nicht zu schädigen, aber wir Menschen sperren Tiere ein, fügen ihnen Schmerzen zu, nehmen ihren Nachwuchs weg, TÖTEN SIE, OHNE DASS SIE UNS ANGEGRIFFEN HÄTTEN (Hilal Sezgin). Warum? Ist das in Ordnung? Wo bleibt da die Tierethik. „WAS DU NICHT WILLST, DAS MAN DIR TU', DAS FÜG' AUCH KEINEM ANDERN ZU" (Sprichwort). Die Menschen in der Corona-Zeit haben sich von ihrem Glauben einschläfern lassen. Wie Karl Marx mal sagte: OPIUM DES VOLKES, nur dass wir es heute in der Corona-Zeit eher mit Angst und Panik zu tun haben. MARX SIEHT NOCH, DASS RELIGION IN EINER UNGERECHTEN UND UNBARMHERZIGEN WELT DURCHAUS HALT VERLEIHEN KANN, KRITISIERT ABER, DASS SIE DIE MENSCHEN NICHT DAZU BRINGT, SICH SELBST AUS SOLCHEN MISSSTÄNDEN ZU BEFREIEN (gefängnisseelsorge.net). Wir wollten das „PARADIES AUF ERDEN" errichten, nun sind wir daran GESCHEITERT, DASS MAN DEN MENSCHEN IN SEINER UNBERECHENBARKEIT NICHT WIRKLICH ERNSTGENOMMEN, SONDERN MASSLOS ÜBER- ODER UNTERSCHÄTZT HAT (ebd.) Wir leben in einer HERZLOSEN WELT (Marx) und in einem geistlosen Zustand, an dem wir VERZWEIFELN ODER VERSUCHEN, DEN ÄUSSEREN DRUCK UND DIE INNERE LEERE ZU BETÄUBEN. WIE OFT WURDE WIDERSTAND GELEISTET, WENN DIE MENSCHENWÜRDE IN GEFAHR WAR, UND UM FRIEDEN GEMÜHT (ebd.)

DER TOD IST NICHT DAS ENDE, NUR DER ANFANG (aphorismen.de). Ohne Gerechtigkeit gibt es keinen (sozialen) Frieden. Ich fühle mich sehr einsam. Ich bin eingeschlossen und darf nicht raus. Ich könnte nur laut schreien. Ich merke, wie meine Seele immer enger wird und wie ich keine Luft bekomme. Ich bin der Folter ausgeliefert. Wenn ich so an die Kinder denke, wie grausam es für sie sein muss. Gott steh' uns bei. Wenn die Zeit kommt, und ich bin wieder frei, ist der erste Weg, die Ketten zu sprengen, den Boden zu küssen und dabei laut zu schreien: „Nie wieder in Ketten!" Freiheit war immer meine erste große Liebe und sie bleibt meine große Liebe bis über den Tod hinaus.

Jedes Jahr freue ich mich auf den 8. März, den Frauentag. Ich war auch immer auf der Veranstaltung. Ich habe aber festgestellt, dass das sehr nachgelassen hat. Eigentlich schade. Dabei ist es ein schöner Tag. Frauenrechte sind Freiheits- und Menschenrechte, die Frauen als Mitglieder der Gesellschaft. Wir haben auch das Recht auf eine gerechte Welt, in der Mädchen und Frauen das Recht haben, selbstbestimmt, frei und in Würde zu leben.

Wäre ich ein Vogel, würde ich sofort rausfliegen, weit weg von hier, dahin fliegen, wo kein Mensch anzutreffen ist, der mich einsperrt. Lieber als Vogel sterben als Mensch in Ketten. Ich beuge mich lieber vor der Freiheit als ohne Freiheit in Ketten.

Mir ist aufgefallen, dass in der Corona-Zeit die Berührung uns entgleist ist. Stumme Öde. Es gibt keine Gesellschaft mehr. Körperlicher Kontakt ist in der heutigen Zeit nicht mehr Teil des Alltags. Ich habe es besonders zu spüren bekommen in Bussen und Bahnen, wo alle wegrennen, Kontakt meiden: „Komm mir nicht zu nahe!". Wie schrecklich diese Bilder für mich waren. Ich habe die Welt nicht mehr verstanden. Es zerbrach etwas, das unsere Sinnesorgane tötete. Selbst unsere Einrichtung, UNSER HAUS, ist von dieser Störung betroffen. Als ich sie kennenlernte, war es üblich, Kontakte zu haben und sich mit einer Umarmung zu begrüßen. Leider ist auch das verloren gegangen. Es ist eine Kälte untereinander entstanden, die mir sehr zu denken gibt. Jede Berührung wird vermieden. Wenn wir umarmt werden, schüttet der Körper Botenstoffe aus. Bei mir sind es Glückshormone, die ich bei Menschen in UNSEREM HAUS empfunden habe. Wie sehr ich das vermisse! Es hat mir über vieles hinweg geholfen und mich ein bisschen gesund gemacht. Wir Heimkinder haben diesen körperlichen Kontakt nie zu spüren bekommen. Der körperliche Kontakt bestand aus Schlägen, Hungern, Dursten und im Dunkel hinter einer dicken Panzertür eingesperrt Sein. Aber ich habe immer daran geglaubt, dass es Liebe, Wärme, Trost und Freude gibt. Das war immer mein Geheimnis, das sie nicht brechen konnten.

Körperliche Nähe und Wärme hatte ich einmal im Jahr, wenn ich nach Berlin zu meinen Tanten, Oma und Onkel reisen durfte. Das war zwar nur für eine Woche, aber diese eine Woche hat mir viel von dem gegeben, was meine Seele brauchte. Was hatte ich für Angst vor der Rückkehr ins Heim. Wenn ich im Dunkeln eingesperrt war, habe ich immer mit denen geredet, die ich am liebsten hatte. Das war eine Art Flucht aus der Angst. Mit dem Finger und mit Tränen habe ich Briefe an die Wand geschrieben. Ich habe ihnen geschrieben, dass ich sie sehr liebe und vermisse, dass ich Heimweh habe und dass sie mich bitte rausholen sollen.

Tut mir leid, ich muss aufhören, ich kann nicht mehr. Es ist vorbei, aber wann und wie? Nun bin ich wieder in der Traumafalle.

Kontakt hatte ich viel zu meiner Puppe, küsste sie, kämmte sie und nahm sie heimlich zu mir zum Einschlafen mit ins Bett. Sie gab mir das, was mir fehlte, Wärme. Im Heim lernt man nichts als eisige Kälte für sein Leben.

Als ich 20 Jahre alt war, erlaubte das Jugendamt mir die Freiheit. Sie sagten, ich solle mir Arbeit und Wohnung suchen. Ich hatte von nichts Ahnung. Aber sie würden sich weiterhin um mich kümmern, also könnten sie mich jederzeit wieder einsperren. Erst war ich mit meiner Schwester im Gertraudenkrankenhaus. Ich war mit ihr in einem Zimmer untergebracht und arbeitete als Stationshilfe und in der Küche. Nach einiger Zeit wurde es mir zu viel, die Nonnen kommandierten mich nur rum. Ich ging abends mit einer Kollegin heimlich in eine Disco. Da lernte ich eine sehr liebe Brasilianerin kennen, der erzählte ich meine Geschichte. Dann sagte sie, sie wohnt in Halensee und da sind Appartements frei. Ich solle da mal fragen, sie würde mich unterstützen. Gut, ich stellte mich vor und bekam ein Appartement. Ich zog so schnell wie möglich dort ein. Dann suchte ich mir Arbeit, denn die Miete musste bezahlt werden. Ich fand auch gleich eine Stelle, gegenüber in einem großen Lokal mit Live-Musik. Das war toll. Ich lernte, Bier ausschenken. Das hat mir großen Spaß gemacht, bis ich eines Tages Post von der Krankenkasse bekam, ich sei nicht versichert und müsste so ungefähr 200 DM bezahlen. Ich hatte keine Ahnung, ging zu meiner Freundin und zeigte ihr das Schreiben. Dann kam sie mit zu meiner Arbeitsstelle und zeigte das Schreiben dem Chef. Der wurde plötzlich frech. Außerdem hatte er mir zwei Monate lang kein Gehalt gezahlt. Meine Freundin hat mir das Geld für die Miete geliehen. Dann sagte sie, wir nehmen uns einen Anwalt und reichen eine Klage beim Arbeitsgericht ein. Der Anwalt kümmerte sich darum. Eines Tages war es soweit, und der Chef musste vors Gericht. Er ließ Sprüche los, ich sei unpünktlich und faul. Was nicht stimmte, denn es hat mir Spaß gemacht. Der Richter ließ sich nicht auf die Lügen ein. Ich bekam Recht und der Chef musste an mich 1.000 DM zahlen und die Beiträge an die Krankenkasse.

Eines Tages kam meine Freundin zu mir und fragte, ob wir essen gehen. „Ja", sagte ich zu ihr, „gerne, aber ich lade dich ein, weil du mir so geholfen hast." Sie lehnte das ab, und so ging das hin und her. Dann war sie doch einverstanden. Wir gingen am Kudamm in der Pizzeria essen. Da passierte es mit meinem Sohn. Eines Tages wurde ich schwanger und war im 5. Monat. Dann standen auf einmal Mitarbeiterinnen des Jugendamts vor der Tür. Sie sahen meinen dicken Bauch und fragten, in welchem Monat ich schwanger wäre. Ich sagte, im 5. Monat. Daraufhin Frau K. vom Jugendamt: „Das Kind kommt weg!" Weil ich noch nicht 21 Jahre alt war, sollte ich kein Kind haben dürfen. Von da an war ich nur noch auf der Flucht wie eine Verbrecherin, die mit Haftbefehl gesucht wird. Giovanni, von dem das Kind war, nahm mich in seine Wohnung auf. Da war ich zwar auch nur eingeschlossen, aber mein Baby im Bauch hat mich das alles vergessen lassen und mir geholfen, den Alltag zu bestehen. Es war wie eine Lawine, die auf mich einstürzte. Ein Kind im Bauch ist sowas von schön, weil es dir nur Glück bringt. Es hat mir alles gegeben. Ich konnte glücklich sein. Als es das erste Mal anfing, sich in meinem Bauch zu bewegen, bekam ich Angst, denn ich kannte mich damit nicht aus. Also erzählte ich es Giovanni, und er klärte mich auf: „Ein gutes Zeichen, dass es lebt!" Ich freute mich wie eine Königin. Eines Tages kam Giovanni mit einem Arzt zusammen nach Hause, um sich zu vergewissern, dass mit dem Kind alles in Ordnung und dass es gesund ist. Der Arzt horchte mit einem Rohr meinen Bauch ab und spürte es strampeln. Er freute sich mit mir und sagte, ich solle mich glücklich schätzen. Ich fragte ihn, ob es ein Mädchen oder ein Junge würde. Das konnte er mir nicht genau sagen. Dieser Kontakt in meinem Bauch wurde mir dann nach und nach immer bewusster. Wie schön sich sein Strampeln anfühlte. Voller Wärme, Freude und getröstet habe ich es empfunden. Die Berührungen von meinem Kind und das innige Zusammensein, über all das habe ich lernen müssen, was intensiver Kontakt bedeutet. Wie wichtig es ist, jemand zu lieben, der dir gehört. Von da an fing ich an, mit dem Gedanken zu spielen, das Kind zu behalten, aber wie? Ich sprach viel mit ihm und sang ihm etwas vor, das machte ich für mein Kind. Schön fand ich es, wenn Giovanni meinen Bauch, der immer dicker wurde, küsste und horchte, wie das Kind strampelte. Wie schön war dieser Kontakt! Die Haut von meinem Bauch und Giovannis Hand empfand ich als ein soziales Organ. Durch die Berührungen von dem geliebten Menschen und dem geliebten Kind wurden bei mir Signale ausgelöst, die meinen Gefühlen Form gaben. Ich lernte lieben und vertrauen. Diesen Kontakt wollte ich nicht mehr missen. Sie waren für mich so wichtig wie die Luft zum Atmen. Diese Berührungen, Liebe, Einsamkeit.

Was die Isolation mit uns in der Corona-Zeit macht. Wir müssen uns fernhalten von den Menschen, die wir lieben. Auf eine solche Idee wäre man ohne Pandemie wohl kaum gekommen. Aber wie lange können Kinder, Freunde und Verwandte auf Nähe und Berührungen verzichten? Aber ich habe erfahren, dass Menschen mit Zuneigung in Form von Hilfsbereitschaft und Aufmerksamkeit da waren. Dafür möchte ich mich bei ihnen allen herzlich bedanken. Die Pandemie untergräbt unsere Demokratie und spaltet unsere Gesellschaft weiter. Gerade ältere Menschen und Menschen mit Vorerkrankungen und somit gerade auch viele mit einem niedrigen sozialen Status, sind ihr ausgesetzt. Genauso werden diejenigen, die unter Einsamkeit, Kontaktmangel und psychischen Krankheiten leiden, weiter ins Abseits gedrängt. Dass die Politik nicht begreift, dass es den Menschen schlecht geht ohne Kontakt. Krisen gab es schon immer, aber muss man das Volk dazu verdammen? Die Wirtschaft vernichten? MIT RÜCKENWIND KANN SELBST EIN TRUTHAHN FLIEGEN, DA VERÄNDERT SICH NICHTS, ABER WENN EINEM DER WIND SCHARF INS GESICHT BLÄST IN KRISENZEITEN, DA SIEHT MAN, WER ZU EINEM HÄLT. WER HÄLT EUCH DIE TREUE UND IST FÜR

EUCH DA? UND WER LÄSST EUCH FALLEN UND STEIGT MIT EINEM GROSSEN SCHRITT ÜBER EUCH HINWEG, WENN IHR AM BODEN LIEGT? (foerster-kreuz.com). Nein, ich wünsche keinem eine Krise. Nur wenn sie zuschlagen sollte, dann sind wir damit allein.

Ich habe Hunger nach Nähe und Kontakten. Meine Albträume sind schon real. Wie werde ich sie los? Was kann ich tun? Man ist damit ganz allein. Oft spreche ich mit mir selbst darüber. Ich bin die einzige, die zuhört. Grausam. Ich liebte den Körperkontakt zu meinem Kind, meinem Sohn, sehr, aber das Stillen war für mich damals das Schwerste. Wenn er an meiner Brust trank, hatte ich Schmerzen und verspürte Ekel und dachte, hoffentlich ist es bald vorbei. Mein Schatz blieb aber an meiner Brust und schlief ein, sodass ich es ihm rausziehen musste. Ich hatte immer Angst vor dem Stillen. Aber es musste sein. Ich habe einer Schwester im Krankenhaus anvertraut, warum ich ihm lieber eine Flasche geben möchte, dass das daher kam, dass ich als Kind missbraucht wurde. Sie verstand das zwar, meint aber, die Brust wäre für das Kind gesünder. Das nahm ich mir sehr zu Herzen, denn ich wollte, dass es gesund bleibt. Man schmilzt zusammen. Dafür liebte ich ihn zu sehr, um ihm das zu verwehren. Ich habe selbst heute noch Ekel vor meinen Brüsten. Das führt dazu, dass ich sie öfter als alle anderen Körperteile wasche, nur aus Ekel.

Als man mir meinen Schatz weggenommen hatte, konnte ich ihn nicht mehr weiter stillen, und die Angst, dass er krank werden könnte, trieb mich in den Wahnsinn. Ich habe so einen Kontakt, so eine Nähe – Tasten, Schmecken, Küssen, Riechen, Hören und Sehen mit allen Sinnesorganen – dieses Glücksgefühl nur bei meinem Kind erlebt. Seitdem nie wieder. Ich liebte bei ihm den Geruch von Nelken, Muskat, Zimt und Anis. Herrlich! Da wurde eine Sehnsucht geprägt, die für immer bleibt.

Das wird uns durch die Corona-Zeit genommen: Großeltern, die den Geruch von ihren Enkelkindern immer um sich hatten, das wird ihnen genommen, weil sie sie nicht sehen und keinen Kontakt haben dürfen. Wie traurig unsere Zeit heute ist. Verbot und Stopp! Nicht weiter. Nur bis hierher darfst du sein! Und wehe, du riechst zu nahe oder tastest. Alle Brücken von jeglichem Kontakt werden verweigert und abgebrochen. OHNE KONTAKT IST MANCHMAL SCHWERER ZU VERDAUEN, ALS WENN JEMAND GESTORBEN IST (Christoph Weymann). Eisiges Schweigen, wie abgewürgt. Ohnmacht. Fassungslosigkeit. Verstummen. Radikal von deiner Umgebung getrennt ist es, als ob der Boden unter deinen Füßen weggezogen wird. Viele Tränen fließen zusammen wie ein zweiter Ozean. Es gibt Menschen, die denken, ich bin gekränkt oder verletzt, und der Kontaktabbruch bringt mir Ruhe. Das ist aber oft nicht der Fall. Es kann sein, dass es vorübergehend eine gewisse Beruhigung gibt. So kann man z.B. auch Beziehungsprobleme verdrängen, aber es ist keine Lösung. Ich gehe durch eine Leidenszeit. Meine Sehnsucht ist groß. Ich fühle mich zerbrochen.

DER, DER VERLASSEN WURDE, HAT DAS GEFÜHL, DER ANDERE HABE DIE MACHT. ER GLAUBT, DER ANDERE WÄRE DER STÄRKERE, WEIL ER DARÜBER ENTSCHEIDEN KÖNNE, OB KONTAKT BESTEHT ODER NICHT. DOCH DER, DER DEN KONTAKT ABGEBROCHEN HAT, FÜHLT SICH SELBST OFT HIN- UND HERGERISSEN UND OHNMÄCHTIG (Dunja Voos). SORGEN, TRÄNEN, BRENNENDE HERZSCHMERZEN (Christoph Weymann). Vor allem Mütter leiden, wenn ihre Kinder mit Masken herumlaufen müssen und keine sozialen Kontakte mehr haben dürfen mit Freunden aus Kindergarten und Schule. Was für seelischen Qualen Kinder ausgesetzt sind. Eine traurige Schandtat. Oder Menschen, denen jemand stirbt, können und dürfen nicht auf den Friedhof, um sich ein letztes Mal zu verabschieden. Sie kommen in eine Situation, in der sie die Trennung von verloren gegangenen Menschen nicht betrauern dürfen, weil ein Rest von Unklarheit und Hoffnung bleibt. Es gibt keinen Abschluss.

Man könnte den Eindruck gewinnen, dass die politische Lüge ein komplett neues Phänomen ist, aber Lügen in der Politik sind ein Dauerbrenner. Die Politiker SCHEUEN SICH NICHT, TATSACHEN ZU VERDREHEN

ODER ZU BESCHÖNIGEN, UM DADURCH WAHLEN ZU GEWINNEN (Stefan-Andreas Cassdorf).

Solange sich ein Trauma wiederholt, solange denkt man daran und solange wiederhole ich mich beim Schreiben. Erst wenn die Seele alles verbrannt hat und die Wunden zu Asche geworden und aus der Asche eine vollkommene heile Seele entstanden ist, erst dann hat das Trauma ein Ende. Was nicht geschehen wird. Die Seele und das Gedächtnis werden immer mit den Erinnerungen weiter bestehen. Aber zu wünschen wäre es mir.

02.03.2021

Wir leben in einer Zeit mit vielen Krisen. Ältere Menschen werden im Unterbewusstsein wieder an Zeiten erinnert, mit denen sie schon längst abgeschlossen hatten.

Ich wohne zurzeit in einer sogenannten Senioren-WG mit ambulanter Pflege. Die anderen Bewohner sind fast alle Demenzkranke. Meine Krankheit ist COPD Gold Vier im Endstadium. Wegen Corona sind wir jetzt in Quarantäne eingesperrt. Es geht hier sehr schmerzhaft zu. Unter den Bewohnern gibt es einige, die noch den Krieg erlebt haben und mit dem eingesperrt Sein nicht klarkommen. So wie auch ich absolut nicht. Sie gehen aus ihrem Zimmer, laufen den Flur entlang und werden angeschrien, dass sie in ihr Zimmer gehen sollen. Später hatte ich das Verlangen, mal aus dem Zimmer auszubüchsen. Da traf ich einige Demenz-Bewohner, die mich unter Tränen baten, ihnen zu helfen. Es zerbrach mir sehr das Herz, und ich musste mitweinen. Ich kann es nicht erklären, was da in mir vorging. Als ob mir jemand das Herz zerreißt. Es war schrecklich. Ich fühlte Leid und Schmerz mit ihnen. Das Verbot und die Einsperrung verkraften sie nicht. Selbst das bisschen, was sie noch hatten, die Freude, jeden Tag ihre Kinder und Enkel in die Arme zu nehmen und spazieren zu gehen, wird ihnen genommen. Und nun stirbt die Hoffnung. Jeden Moment dachte ich, sie brechen mit tiefstem Schmerz zusammen. Ob diese Wunde jemals heilen wird? Es ist ein grausames Leiden, das ich aus der Nähe erlebe. Das kann sich ein Außenstehender nicht vorstellen. Es ist wie eine seelische Folterkammer. Manche werden sich selbst verletzen oder bauen eine Mauer um ihr Herz, hinter der sie sich verstecken. Sie sind von anderen abgeschnitten und isoliert und entscheiden sich dafür, das hier nicht mehr fühlen zu wollen. Es tut zu sehr weh. JEDER SCHMERZ RUFT NACH LIEBE (facebook, Hypnose- und Reiki-Praxis), so empfinde ich es bei den Bewohnern. EINSAMKEIT – EINE EPIDEMIE IM VERBORGENEN (Stipendiaten der katholischen Journalistenschule jfp). Todesursache Nummer eins bei der Corona-Pandemie sind die Kontaktverbote, Einsamkeit und Isolation (vgl. Manfred Spitzer in medisana.de). Gerade die Einsamkeit ist für kranke und ältere Menschen fast die schlimmste Krankheit. An Freunde zu denken ist wie eine Impfung. Im Schmerz sind wir alle trübe und individuell. Der Winter ist eine Todesqual. Wir leben in einer Zeit, wo Betondenken herrscht. Eine aufgezwungene Einsperrung kann eine Folter sein. Der Kapitalismus ist maßgeblich mitverantwortlich für viele Missstände während der Pandemie.

05.03.2021

Heute sollte ich am linken Auge (am Grauen Star) operiert werden. Das wurde verschoben, weil kein Intensivbett frei war. Nun bin ich gespannt, ob es am nächsten Donnerstag, dem 11. März, klappt. Es geht mir wieder so, als ob das Leben keinen Sinn mehr für mich hat. Irgendwann sind die psychischen Kräfte verbraucht. Bisher habe ich mich immer mit der Frage nach dem Sinn des Lebens beschäftigt. Jetzt habe ich für mich gelernt, dass ich mir die Frage nach dem Sinn nicht stellen darf, beziehungsweise nicht will. Wie auch immer, sie führt zu nichts, die Frage nach dem Sinn. Ich kann den Sinn des Lebens mit meinem Verstand nicht erfassen. Solche Fragen kreisen in meinem Kopf. Es fühlte sich an, als würde ich von ihnen in ein Loch gezogen, das direkt ins Nichts, in den Tod führt. Noch jetzt, während ich darüber schreibe, spüre ich die düstere schwere und trostlose Wirkung dieser Frage. Wie sich meine Brust zusammenzieht und sich die Energie aus meinem Körper verabschiedet. Was bringt es mir, glücklich zu sein? Was kommt danach? Nichts.

Stärke, Ambivalenz, Wärme, Empathie und Liebe; Bereitschaft und Fähigkeit, sich in die Einstellung anderer Menschen einzufühlen. Der Zusammenhalt in unserer Gesellschaft schwindet. DIE DIGITALISIERUNG DER GESELLSCHAFT BEDEUTET, DASS ALLES IMMER SCHNELLER WIRD UND MAN DOCH GAR NICHT MEHR HINTERHER KOMMT. ES IST UNSERE GESELLSCHAFT, DIE KAPUTT IST, DIE SICH IMMER MEHR DER DOKTRIN DER ÖKONOMIE UNTERWIRFT. WIR MACHEN UNS KAPUTT, DURCH DIE NORMEN, DENEN WIR UNS UNTERWERFEN. DER MENSCH ALS HUMANRESSOURCE, WAS FÜR EINE GRAUSAME VORSTELLUNG. DAS LEBEN IST NUR DANN ETWAS WERT, WENN MAN EINE BEZAHLTE, SELBST SCHLECHT BEZAHLTE ARBEIT HAT. WOBEI DIE WIRTSCHAFT JA AM LIEBSTEN HÄTTE, WIR WÜRDEN UMSONST FÜR SIE ARBEITEN, DAS GELD SOLLEN WIR DANN VERDAMMT NOCH MAL WOANDERS HER BEKOMMEN. JEDER BANKER WÜRDE ÜBER DIE GEHÄLTER LACHEN, DIE IMMER STÄRKER BELASTETE ANDERE Arbeiterinnen und Arbeiter BEKOMMEN. UND EIN KRANKENHAUS NACH WIRTSCHAFTLICHEN GESICHTSPUNKTEN FÜHREN ZU MÜSSEN, ZEIGT DOCH SEHR GUT, WIE TIEF UNSERE GESELLSCHAFT GESUNKEN IST. GESUNDHEIT ALS ETWAS, BEI DEM MAN SICH SCHON FAST SCHÄMT, KRANK ZU SEIN ODER ZU WERDEN. WEIL MAN JA DANN DEM UNTERNEHMEN KRANKENVERSICHERUNGEN AUF DER TASCHE LIEGT: IMMER

MEHR WACHSTUM AUF TEUFEL KOMM RAUS, OBWOHL DAS IN EINEM GESCHLOSSENEN SYSTEM GAR NICHT GEHT (Uwe Hauck).

Man spürt eine wachsende Unzufriedenheit in der Krisenzeit. Der Zusammenhalt in unserer Gesellschaft schwindet. WISST IHR, WAS SCHÖN IST? SICH AUFEINANDER VERLASSEN ZU KÖNNEN. WISSEN, DASS JEMAND DA IST, WENN MAN IHN BRAUCHT. JA, ALLES SCHÖN. ABER NICHT MEHR PROBLEMLOS MÖGLICH. DENN UNSERE GESELLSCHAFT VERLERNT GERADE jetzt in der Corona-Zeit DIE SOLIDARITÄT. DIE FOLGE IST, DASS JEDER IMMER DAMIT RECHNEN MUSS, DASS IHM IRGENDWANN ALLES, WAS ER TUT, VORGEHALTEN WIRD. UND DASS ER NICHT DAMIT RECHNEN DARF, DASS IN SCHWIERIGEN SITUATIONEN JEMAND EINE HELFENDE HAND AUSSTRECKT (Wiebke Tomescheit). Dieses Glück hatte ich, dass in der schwierigen Situation mir einige zur Hilfe gekommen sind. Herzlichen Dank! Geht unserer Gesellschaft gerade die Solidarität verloren? Ich habe ganz alleine Freundschaft, Respekt und Hilfsbereitschaft erlernen müssen. In den Heimen wurde uns nur Unterdrückung beigebracht, wie zum Beispiel Schleimen, Kriechen und Verrat. All das war mir zuwider. Ich habe immer mit manchen, die genauso wie ich nichts hatten, keine Eltern, und die nie Pakete bekommen haben, geteilt. Was sich oft als falsch herausgestellt hat. Meine Schwester hat mir immer vorgehalten, ich hätte ein Helfer-Syndrom. Solidarität lag bei mir im Blut. Übertriebener Ehrgeiz war für mich hingegen „Pfui!"

ANGST FÜHRT ZU PSYCHISCHEN PROBLEMEN. UNTER ANGST LAUFEN VIELE WIE SCHÄFCHEN HINTER DEM HIRTEN HER (Nella Be. in www.fluter.de). Ein unbeschwertes Leben so wie früher wird es wohl so schnell nicht mehr geben. Corona ist das neue Normal. Ich habe immer wieder versucht, mich gedanklich nicht mit jedem anzulegen. Nicht böse sein, dass du ungefragt über uns hereingebrochen bist. Ich wollte das Beste aus der dramatischen Situation machen. Bargeld ist hip. Selbst bei Mini-Beträgen wie 3,99 Euro mit Karte zahlen, bargeldlos. An der Kasse wirst du mit hochgezogenen Augenbrauen angeguckt. Wenn du mit Bargeld zahlst, hast du sie auf dem Gewissen. Überall Schlange stehen, dass einem das Einkaufen vergeht. Mindestabstand. Menschen mit vermummten Masken. Erschreckend. Manchmal hatte ich das Gefühl, dass das in eine reinste Schreiorgie ausarten könnte. Oft musste ich mich sehr anstrengen, mich zu beherrschen. Zum Beispiel, wenn ich mit Bus oder Bahn mit dem Rolli fahre, in dem ich meinen Sauerstoff habe. Wenn ich einsteige und mich hinsetze, rennen die Leute vor mir weg, als ob sie eine Wespe gestochen hätte. Weißt du, wie man sich da fühlt? Grausam, erschreckend, wie eine Aussätzige, als ob ich die größte Pest habe. Wie weh das einem seelisch tut, kann sich keiner vorstellen. Keiner kann das Problem verstehen, nicht einmal nachvollziehen. In so einer kranken Gesellschaft leben wir. Kein Verständnis, keine Solidarität, Betondenken. Mitgefühl und Verständnis sind verloren gegangen. Alles kommt mir so vor, als befände ich mich in einem Hysterieland. Ich frage mich wirklich verzweifelt, wie kaputt ist unsere Wirtschaft am Ende, wenn der Höhepunkt vorbei ist oder ein Impfstoff entwickelt wurde? Werden wir jemals wieder einen Alltag ohne Masken und Plexiglaswände erleben? Ich werde mutig nach vorne schauen, wenn auch vorsichtig. Die Corona Maßnahmen wirken sich auf die Psyche aus. Stress und Depressionen nehmen zu. Corona greift in unser Leben ein. Es wird kälter, und uns fehlt das Sonnenlicht. Noch sehe ich keinen Lichtblick am Himmel. Das ist es, was ich meine. Durch Corona ist alles, was menschlich ist, unsere seelische Vase, in Scherben zu Bruch gegangen. Wie kann das geheilt werden? Wenn die seelische Vase zerbrochen ist? Die Scherben wieder zusammen kleben? Unsere Seele zusammen kleben? Das geht zwar, aber sie wird immer wieder zerbrechen.

Es quält mich alles so. Einsamkeit, das alleine Sein. Es fehlen Kontakte und Kommunikation und die Wärme von Menschen, die man im Herzen liebt. Wie oft am Tag ich den Himmel bitte, er möge es uns wieder gut gehen lassen und uns die Freiheit wieder schenken. Leider hat der Himmel meine Bitte noch nicht erhört.

Heute, am 05.03. um 10 Uhr war mein Sohn, mein liebstes Kind, bei mir. Ich habe geweint. Warum, weiß ich nicht. Ich habe mich zwar gefreut, aber es war auch etwas anders. Vielleicht habe ich einen Schock erlitten – weil ich vielleicht nicht wahrhaben konnte, dass mein liebstes Kind wirklich gekommen war. Ich kann auch nicht richtig beschreiben, was in mir vorging. Angst, ihn wieder zu verlieren? Ihn nie wieder zu sehen? Dabei freute ich mich schon seit Wochen auf ihn. Ich malte mir aus, wie ich ihn ganz doll drücken und ihn ohne Ende küssen würde. Er kümmerte sich um meine Papiere, die er für mich ordentlich in einem Ordner abheftete. Ich bin zurzeit in einer WG, in der eine Ausgangssperre wegen Corona verhängt wurde. Als er sich verabschiedete, hatte ich das Gefühl, ich sehe ihn das letzte Mal. In meinem Zimmer brach ich in Tränen aus – vor Sehnsucht nach seiner Nähe und seinem Geruch. Das Trauma hat wieder einmal gesiegt. Das Unverzeihliche bleibt ein Leben lang bestehen. Immer wieder ruft es dich wach. Unerträglich. Mein Liebstes, was ich als einziges hatte, was ich so liebte, ein Geschenk des Himmels. Weg, verschwunden, wie ein Atemhauch. Abgöttisch liebte ich mein Kind, war auf der Flucht. Es trank an meiner Brust, es duftete. Ich küsste es, sprach mit ihm, sang ihm Lieder vor, gab ihm meinen kleinen Finger zum Nuckeln, legte ihn Tag und Nacht an meine Seite. Nicht einen Augenblick ließ ich ihn aus meinen Augen, gab ihm Essen mit meiner Hand. Ich tat alles dafür, dass er nie meinen Geruch vergisst. So liebte ich ihn. Mein ein und alles. Ich wusste schon, als es noch in meinem Bauch war, dieses Kind wird immer an meiner Seite sein, mich beschützen und mir helfen, meine Kindheit in den Heimen zu vergessen. Durch ihn habe ich eine neue Welt gefunden. Leider hat der Himmel mir das Glück nicht lange gewährt. Man raubte mir mein Liebstes. Bis heute höre ich ihn in den fremden Armen weinen. Dieses Weinen ist mein ständiger Lebensbegleiter. Wie vieles andere auch. Ständig frage ich den Himmel, warum er nicht eingegriffen hat. Was ist der Sinn des Lebens? Ein riesiger runder schwerer Stein, den man nicht rollen kann. So schwer der Stein ist, so schwer sind unsere seelischen Gefühle. Wenn ich den Stein zum Rollen bringe, damit er den Berg herunter rollt und ich mich vom Tragen befreien kann, dann rollt er ein Stück und ich denke, ich schaffe es. Ja, es geht langsam und dauert. Rollt der Stein, schon hat man einen Teil der Herzschmerzen vergessen. Ein langer Prozess. Es kann auch passieren, dass der Stein vorwärts rollt und dann plötzlich ein Stück rückwärts. Was dann? Liegen bleiben? Irrtum. Wieder und immer wieder weiter, und wenn du daran an Erschöpfung zerbrichst. Einen Versuch ist es wert, und zwar deswegen, weil Gedanken dir sagen: „Denke an deinen Sohn und denke an die lieben Menschen, die dir in der Not zur Seite standen. So gewinnt man Kraft, und der Stein folgt deinen Gedanken, indem er rollt.

WO VIEL GEFÜHL IST, IST AUCH VIEL LEID (Leonardo da Vinci). EMOTIONEN HELFEN, DAMIT WIR UNS IM ALLTAG ORIENTIEREN KÖNNEN. VIELE ENTSCHEIDUNGEN TREFFEN WIR „AUS DEM BAUCH HERAUS". WIR ERLEBEN DAS STÄNDIG, AUCH WENN UNS DAS GAR NICHT BEWUSST IST. NICHTS, WAS WIR ERLEBEN, BLEIBT OHNE WIRKUNG. SO WIRD FÜR JEMANDEN, DER NIE EINEN VERLUST ERLITTEN HAT, DER BEGRIFF TRAUER KEINE GROSSE WIRKUNG HABEN. ANDERERSEITS WIRD DAS GEFÜHL DER TRAUER UND DES SCHMERZES UMSO GRÖSSER SEIN, JE BEDEUTSAMER DER VERLUST IST, DER EINEN MENSCHEN TRIFFT. JE INTENSIVER DIESES GEFÜHL IST, UMSO DEUTLICHER BLEIBT ES IN UNSEREM GEDÄCHTNIS VERANKERT. DAS ERLEBTE WIRD TEIL UNSERER LEBENSERFAHRUNG (Andrea Wengel). Meine Lebenserfahrung ist es, Müttern vor Kindesraub zu warnen. Kämpft für eure Kinder. Gerade jetzt in der Corona-Zeit. Es macht mich traurig und wütend zugleich, zu sehen, wie Kinder leiden. Verstoßen, Freiheitsraub und seelische Misshandlung. Alles, aber auch alles hat man den Kindern verboten. Kein Spielen an der frischen Luft, um mit anderen zu Kindern spielen, sich nicht freuen können, auf Knien laufen. Dann gibt es Eltern, die es den Kindern noch schwerer machen, als sie es sowieso schon haben. Wie pervers, brutal und dazu eine Schande, wo wir uns gegenüber anderen Ländern in

Grund und Boden schämen müssen. Wie wird über uns geredet und gedacht? Wie stehen wir jetzt da? Kinder wachsen auf mit strengen Regeln, dürfen kaum Kontakt anderen haben, müssen Abstand halten, dürfen kein Schulbrot teilen, nicht aus der Reihe tanzen, einzeln sitzen. Kein Singen, kein Tanzen, keine Spiele. Dann kommt der Tag, wo unsere Kinder die Schulden für unser Land bezahlen müssen. Sie sollen funktionieren. Dabei ist das Opfer, das sie bringen, immens hoch. Es ist der Verzicht auf eine Kindheit nach normalen Maßstäben. Dann werden Kinder angeschrien und angeherrscht, weil sie keine Maske aufhaben. „Warum darf ich nicht meinen Geburtstag mit anderen Kindern feiern?" In den Schulen müssen sie frieren, trotz dicker Jacken. Dann fehlt das Durchatmen auf dem Pausenhof, weil die Maske nervt. Kinder weinen viel aus panischer Angst, dass ihretwegen jemand sterben muss. Den Kindern wird erzählt: „CORONA IST WIE DIE PEST, UND IHR SEID DIE PESTRATTEN" (Claudia Wessel).

09.03.2021

Die Politik ist wie ein Wolfsrudel. Corona führt zu einer Gehirnwäsche wie eine Droge, die Angst erzeugt. Es stimmt: Seitdem ich eingesperrt bin, haben sich meine Angst und Panik so verschlimmert, dass sich Selbstmordgedanken entwickelt haben. Weil ich es nicht mehr ertrage. Es ist, als ob ich keine Luft bekomme, Zittern,

Schweißausbrüche, Erbrechen. Ich habe das Gefühl, entweder zu ersticken oder alles am Körper zugeschnürt zu bekommen. Grausamer Schmerz und Qual. Ich bin innerlich nur am Hilfe Schreien. Dazu kommt das Schamgefühl, dass ich denke, ich muss mich trotz allem beherrschen. Gerade das Beherrschen erzeugt noch mehr seelische Probleme. Sich Beherrschen, um nicht irre zu werden, ist ein harter Kampf. Aber irgendwann ist der Kampf verloren, weil die Seele nicht mehr kämpfen kann. Sie gibt den Kampf auf, verliert lieber – und du wählst den Tod (Hungertod).

Freiheit, wo bist du geblieben?

Freiheit – alles was lebt, dich zu lieben?

Freiheit, wo führst du uns hin?

Freiheit, ohne dich hat es keinen Sinn!

Freiheit, bist wie der Wind.

Freiheit gehst an mir vorbei geschwind.

Freiheit, Raum und Zeit.

Freiheit, ohne dich gibt es viel Leid.

Freiheit, bin einsam und allein.

Freiheit, meine Liebe, zu dir komm' ich heim.

Freiheit, du bist wie Welle und Wogen.

Freiheit, unser größtes Glück auf der Erde.

Freiheit, so wahr sie ist, werde ... werde

Freiheit, im Herzen zum Lieben vereint

Freiheit, in meine Sinne und Gedanken vermeint.

Freiheit, selbst wenn du für immer gehst,

Freiheit, die ist das, für das du stehst.

Freiheit, die Krone am Himmel.

Freiheit, von Sternen umwimmelt.

Freiheit, die Liebe, wir werden dich immer lieben.

Freiheit, auch wenn wir in Ketten liegen.

Freiheit, du lässt dich nicht biegen.

Freiheit, unzerstörbar und unsterblich –

die Krone auf unserem Planeten.

Wenn es keinen freien Willen gibt, ist das dann das Ende der Freiheit? Die meisten Menschen gehen davon aus, dass sie die Freiheit haben, so zu entscheiden, wie es ihnen passt, auch anderen Freiheit einzuräumen. Freiheit ist das Wichtigste, stärkt das Selbstbewusstsein, und bestärkt einen so, DIE BESTE VERSION SEINER SELBST zu sein (Rani in rani-yoga.at).

18.03.2021

Heute war ich wieder im Gertrauden-Krankenhaus wegen der Augen-OP. Und was soll ich sagen: es war das dritte Mal, dass sie mich nach Hause schickten. Ich bin so verärgert, dass ich die Palme hochgehen könnte.

13.04.2021

Sechs Corona-Tests habe ich hinter mir, und gestern habe ich mich impfen lassen. Nachts bekam ich sehr große Schmerzen von dem Einstich der Corona-Impfung im rechten Arm. Mir war übel, und ich hatte ständig das

Gefühl, brechen zu müssen. Die Schmerzen werden immer stärke. Ich hoffe, es vergeht wieder. Jetzt heißt es wieder: Corona-Verlängerung. So langsam habe ich das satt. Die Wiedervereinigung Deutschlands wird in den letzten Jahren aus dieser Perspektive betrachtet oft nicht als Erringung von Freiheit sondern auch als Eintritt in einen Raum sozialer Kälte und eines beziehungslosen Nebeneinanders gesehen. Vermisst werden Gemeinsinn und sozialer Zusammenhalt – oder, anders gesagt, Solidarität und solidarisches Bewusstsein. Der Mensch als Vernunfts- und Freiheitswesen. In der heutigen Zeit ist etwas verloren gegangen: der Traum von einer guten Politik. MACHEN WIR UNS NICHTS VOR. DER TRAUM VON GUTER POLITIK BLEIBT SO LANGE EIN TRAUM, SOLANGE WIR DAVON AUSGEHEN, DER HIMMEL TUT SICH AUF UND SIE KOMMT HERABGESTIEGEN. VORWEG GILT, DASS WIR IN ZEITEN SCHLECHTER POLITIK UND DEREN UMSTÄNDE LEBEN. UNSERE LEBENSSITUATIONEN SIND GEPRÄGT VOM STRESS UND DEN ÄNGSTEN EINER SICH IMMER WEITER UND SCHNELLER DREHENDEN ÜBERBERSTENDEN WETTBEWERBSGESELLSCHAFT. WIR HABEN VERINNERLICHT, TEIL EINES SYSTEMS ZU SEIN, DAS UNS SELBST IMMER MEHR AUSSCHLIESSLICH ALS RESSOURCE BETRACHTET. WIR HABEN UNS ANGENÖTIGT, WERTIGKEIT UND UNWERTIGKEIT AN MATERIELLE OPTIONEN ZU BINDEN. WIR HABEN GELERNT, DIE AUSZUGRENZEN UND SOGAR SCHULDIG ZU SPRECHEN, DIE NICHT IN DER LAGE

SIND MITZUHALTEN. WIR HABEN GELERNT ZU AKZEPTIEREN, DASS DIESES SYSTEM SIEGER UND VERLIERER PRODUZIERT UND DASS DIES SO SEIN MUSS. WIR HABEN GELERNT, NACH REGELN ZU LEBEN, ZU ARBEITEN, DIE NICHT VON UNS STAMMEN: WIR HABEN GELERNT, DIES ALLES NICHT MEHR ZU HINTERFRAGEN. DIE, DIE SOLCHEN ZUSTAND VERANTWORTLICH MITBETREIBEN, SIND DIE, DIE SCHLECHTE POLITIK PROPAGIEREN UND UMSETZEN. WIR HABEN SOGAR GELERNT, DIESEN ZUSTAND SELBST ZU LEGITIMIEREN, INDEM WIR IHN DEMOKRATISCH MANDATIEREN. WIR SOLLTEN DAS ÄNDERN. WIR SOLLTEN UNS FÜR GUTE POLITIK ENTSCHEIDEN. GUTE POLITIK ZU MACHEN, WÄRE, GENAU GENOMMEN, LEICHT. GUTE POLITIK ZU MACHEN, WÄRE EIN VERGNÜGEN. ÖKOLOGISCHE POLITIK BEGREIFT, DASS WIR ALS MENSCHHEIT INSGESAMT VOR DER ENTSCHEIDUNG STEHEN, UNSER ABSEHBARES ENDE WEITER ZU BETREIBEN – ODER NICHT. UNSER RAUBBAU AM PLANETEN, VERBUNDEN MIT PERMANENTER VERGIFTUNG UND ZERSTÖRUNG UNSERER LEBENSGRUNDLAGEN IST FATALISTISCH (Frank Happel).

DIE SONNE LEBT NICHT EWIG. IN FERNER ZUKUNFT WIRD SIE ZUERST ZU EINEM ROTEN RIESEN ANWACHSEN UND DANN ZU EINEM WEISSEN ZWERG SCHRUMPFEN. DAS LEBEN AUF DER ERDE WIRD VERSCHWINDEN. DAGEGEN KÖNNEN WIR WENIG AUSRICHTEN. WIR KÖNNTEN NUR WOANDERS HINZIEHEN (supernova.eso.org). In ferner Zukunft werden die Verhältnisse auf der Sonne noch extremer werden und alles

Leben auf der Erde beenden. Heiße Zukunft: Wenn sich die Sonne in einen aufgeblähten Roten Riesen verwandelt, werden Ozeane verdampfen und die Erde wird zu einem Lavaplaneten. Die Gier ist schuld an der Veränderung unseres Planeten. Das ist mir so eingefallen, weil ich Angst habe, dass ich mit meiner Luft kämpfen muss, wenn es zu heiß wird. Ich bin froh, dass die Sonne heute scheint, aber bitte nicht zu heiß!

Ich rede mir ständig ein, alles zu tun, wenigstens mich an die Arbeit zu machen, um das Buch zu vollenden. Seit einigen Monaten sitze ich an meinem Buch. Zu meiner eigenen Überraschung löste dieser lang ersehnte Moment nicht etwa das vollkommene Glücksgefühl in mir aus, wie ich es eigentlich erwartet hatte – ich fühlte eher eine innere Leere und ein Gefühl der Trauer. Ich habe solche Angst, dass mir nichts mehr einfallen wird, dass ich wie erstarrt bin und natürlich keinen einzigen kreativen Gedanken fassen kann. Schreiben an meinem Buch hat sich zu einer Beziehung entwickelt. Wenn ich eine Weile nicht schreibe, bin ich ganz traurig. Es gibt mir das Gefühl, ich habe meine Beziehung zum Buch vernachlässigt. Obwohl ich sehr schlecht in Grammatik, Sprache und Schreiben bin. Irgendwie ist es auch etwas Schönes. Wie gut, dass ich den Rat, ein Buch zu schreiben, befolgt habe. Dadurch habe ich etwas für mein Leben dazugelernt, dass es nämlich schöne Dinge gibt wie Schreiben. Großen Dank für diesen Rat. Ich glaube, dass das Schreiben bei manchen Menschen im Blut liegt. Vielleicht hat jemand das und ist sich dessen nicht bewusst. Bei mir liegt es gar nicht im Blut! Aber ich mache es, weil dieser Rat in meinen Blutkreislauf eingedrungen ist. Wie wunderbar es fließt! Durch das gute Gefühl vom Fließen verstärkt sich das Denkvermögen. Gerade in Krisenzeiten gibt die intensive Auseinandersetzung mit dem eigenen Leben oder mit einer bestimmten Lebensphase Klarheit und vertrauensvolle Ausrichtung. JEDE BIOGRAFIE IST EINZIGARTIG UND JEDES LEBEN EIN BESONDERER SCHATZ (Silke Schulze-Gattermann). Es geht darum, seine Entscheidungen an den eigenen Lebenskonzepten zu orientieren. Manchmal lässt man sich auf Dinge ein, die nicht zum Ziel führen. Man kann entscheiden, auf was man verzichten will und wofür man etwas tun will. INDEM WIR DAS PERSÖNLICHE LEBENSUNIVERSUM IN EINEM BUCH ERFASSEN, TRAGEN WIR UNSERE EIGENEN IDEEN IN DIE WELT (ebd.).

Gestern hat mein Schatz, mein Sohn, angerufen und hat so schöne Worte gesagt, die mich glücklich gemacht haben. Heute Nacht träumte ich von ihm, träumte, wie mein Schatz in meinem Bauch ist. Ich hatte das Gefühl, ich habe einen Schmetterling im Bauch, der mit den Flügeln flattert. Stubsen, Schieben, Treten, was macht mein Baby da drin? Wenn ich meinen Bauch streichelte, hatte ich das Gefühl, es grüßt zurück. Ein tolles Gefühl. Dann wachte ich auf. Und wieder war ich traurig, weil es nur ein Traum war.

Ich bin sehr einsam und fühle mich leer. Alles ist so trostlos: Wetter grau, trübe, kalt und Regen. Die Corona-Krise hat mir erst bewusst gemacht, was Einsamkeit ist. Vielen Menschen erging es wie mir. Ich habe erlebt, wie sie daran zerbrachen und starben. In mir hat das eine neue Angst und Panik erweckt, mit denen ich nicht umgehen kann. Seelisch leide ich darunter so, als ob mehrere Flüsse in der Mitte zusammenkommen, dann kommt das Hochwasser, und ich habe das Gefühl, dass ich ertrinke. Schmerzhaft. Viele Menschen leiden unter Ängsten, Unruhe und Misstrauen. Ich beobachte das täglich hier in der WG, in der ich zurzeit wohne. Deswegen will ich hier raus. Hier ist niemand für einen da, und mit keinem kann man darüber reden. Erstens habe alle Demenz, zweitens verstehen die, die hier arbeiten, kein Deutsch und sind nicht ausgebildet – eine ganz schlechte Einrichtung. Nennt sich ambulant betreute WG. Das Essen ist so schlecht, wie ich es nicht einmal meinem Schwein geben würde. 3 Euro für's Frühstück, 3 Euro für's Mittagessen, 3 Euro für's Abendbrot, also insgesamt 9 Euro für's Essen am Tag. Vieles esse ich nicht, hungere lieber.

22.04.2021

Heute Nacht habe ich im Krankenhaus einen beängstigenden Traum gehabt, in dem es um unseren Verein

UNSER HAUS ging. Ich träumte, ich ging einen langen schmalen dunklen Flur entlang und rief: „Hilfe, ist jemand da? Wo seid ihr? Warum lasst ihr mich alleine?" Alles war leer. Ganz hinten am Ende des langen Flures brannte ein kleines Licht, trotzdem war es dunkel. Ich ging weiter und bekam plötzlich panische Angst, dann wachte ich schweißgebadet auf und war froh, dass es nur ein Traum war. Ich begriff dann, dass mich keiner aus dem Verein allein lässt. Aber was will mir der Traum damit sagen? Ist UNSER HAUS eines Tages für immer geschlossen oder alles dicht? Es ist wie ein Gedankenkarussell. Ich werde versuchen, die Grübelei zu stoppen. Wenn es einmal den Verein nicht mehr gibt, was machen wir dann? Ist dann keiner mehr für uns da? Es ist für mich erschreckend und traurig zugleich. Von den schönsten Zeiten hat uns Corona getrennt. Alle, die wir liebten, geraten für immer aus den Augen, aus dem Sinn. Es sind Dinge, die ich mir in meinem Kopf vorstelle, Gedanken, die mir Angst machen. Ich wünschte mir so sehr, es wäre alles vorbei, und meine Gedanken, die schon in krankhafte Phantasien münden, kämen zur Ruhe. DIE PHANTASIE DARF NICHT DER MASSSTAB SEIN FÜR DIE REALITÄT (Dania Schiftan), egal, wie schlecht ich mich fühle. Die Zeit heilt alle Wunden.

WENN MIR JEMAND VOR EIN PAAR JAHREN GESAGT HÄTTE: „DU MUSST DEINE SELBSTWAHRNEHMUNG STÄRKEN, HÄTTE ICH IHM/IHR WAHRSCHEIN-

LICH EINEN VOGEL GEZEIGT. DA HABE ICH NOCH NICHT ERKANNT, WIE WICHTIG DAS THEMA FÜR MICH IST. ICH HÄTTE ALLERDINGS EINIGES VERHINDERN KÖNNEN, WAS IM NACHHINEIN NATÜRLICH IMMER LEICHT GESAGT IST. ICH BEKAM NUR VON ENGEN FREUNDEN HINWEISE WIE „DU ARBEITEST ZU VIEL!" UND „WILLST DU DIR DAS WIRKLICH ANTUN?" SELBSTWAHRNEHMUNG IST WICHTIG, WEIL UNSERE GEFÜHLE AUSDRUCK UNSERER BEDÜRFNISSE SIND. WENN DU HUNGER HAST, HAST DU DAS BEDÜRFNIS, ETWAS ZU ESSEN. WENN DU EINSAM BIST, SPIEGELT DAS DEIN BEDÜRFNIS NACH SOZIALEN KONTAKTEN WIDER. WENN DU WÜTEND BIST, MUSST DU MAL DAMPF ABLASSEN UND EINEN KONFLIKT KLÄREN. NUR WENN WIR UNSERE BEDÜRFNISSE SPÜREN, KÖN-NEN WIR DIESE AUCH ERFÜLLEN UND FÜR UNS SOR-GEN. WIR MÜSSEN FÜR UNS SORGEN, DENN NIEMAND KANN DAS SO GUT WIE WIR SELBST. WARUM? WEIL NIEMAND UNSERE EIGENEN BEDÜRFNISSE SO WAHR-NIMMT WIE WIR SELBST (IM IDEALFALL). IN DER HEU-TIGEN HEKTISCHEN ZEIT, IN DER OFT DER RATIONALE TEIL DES GEHIRNS GEFRAGT IST, SCHIEBEN WIR GE-FÜHLE OFT ALS STÖREND BEISEITE. ES IST NICHT LEICHT, DIESE SUBJEKTIVEN EMPFINDUNGEN WIEDER AUSZUGRABEN UND SICH BEWUSST ZU MACHEN. OFT ASSOZIIEREN WIR DAS MIT SCHWÄCHE. SCHWÄCHE IST ABER, DIESE GEFÜHLE NICHT MEHR ZU HÖREN UND IN EINE PERSÖNLICHE KRISE HINEINZUSCHLIT-TERN (Jasmin in healthyhabits.de)

Seit der Corona-Krise und der Quarantäne haben sich meine Depressionen verschlimmert. Die vierzehn Tage haben mich so belastet, dass sich meine Gedanken nur noch um den Tod drehten. Es tat sich an mir ein Gefühl auf, als sei alles an und in mir gestorben. Nur noch das Atmen existierte. Unter Ängsten und Panik dachte ich, ich lebe in einer Folterkammer. Selbst beim Gang zum Verein UNSER HAUS ergab sich kein Freudengefühl. Ich bin nur hingegangen aus Verzweiflung und zum Selbstbetrug. Ich habe mir selbst etwas vorgemacht. Ich wollte Freunde gewinnen, aber es scheiterte. Das Gefühl, das ich einmal zu dem Verein hatte, ist nicht mehr da. Eine Spaltung und Lücke ist entstanden. Ich weiß nicht, ob es wiederkommt. Manche Erlebnisse will man einfach aus dem Gedächtnis löschen. Ist das möglich? Unbewusst klappt das mit dem Vergessen eben nicht. Wie schön wäre es, wenn man ganz bewusst einzelne Erlebnisse aus dem Gedächtnis löschen könnte.

AUCH BEI KLEINEREN STIMULI neige ich ZU HEFTIGEN EMPFINDUNGEN VON FURCHT, ANGST, WUT ODER PANIK. DAS LÄSST mich ENTWEDER ÜBERREAGIEREN UND ANDERE EINSCHÜCHTERN ODER mich zu VERSCHLIESSEN UND ERSTARREN. ENTSETZLICHE EREIGNISSE, DIE JÄH UNSER GEFÜHL DER SICHERHEIT UND UNVERWUNDBARKEIT DURCHBRECHEN, KÖNNEN DEN UMGANG MIT DEN EIGENEN GEFÜHLEN UND DER UMWELT TIEFGREIFEND BEEINTRÄCHTIGEN. EINE WAHRNEHMUNG VON DER WELT ALS EINEM IM WE-

SENTLICHEN SICHEREN UND VERLÄSSLICHEN ORT EMPFINDLICH STÖREN. MENSCHEN damit meine ich die Politik SCHEINEN WILLKÜR UND SINNLOSE ZERSTÖRUNG SEELISCH NICHT HINNEHMEN ZU KÖNNEN. SIE SUCHEN NACH EINER ERKLÄRUNG, UM EINE ERLEBTE KATASTROPHE VERSTEHEN ZU KÖNNEN, NORMALERWEISE DADURCH, DASS SIE JEMANDEN FINDEN, DEM DIE SCHULD ZU GEBEN IST, SICH SELBST ODER EINEM TÄTER. HILFLOSIGKEIT UND WUT SIND ENG MITEINANDER VERKNÜPFT. IN DEN LETZTEN JAHREN IST ES DEUTLICH GEWORDEN; DASS DIE TRAUMATISIERENDE ERFAHRUNG DER WICHTIGSTE PRÄDIKTOR FÜR DESSEN LANGFRISTIGE FOLGEN IST (Bessel A. van der Kolk).

Oft habe ich unter Schlafproblemen zu leiden. Entweder bin ich unfähig, mich vor dem Einschlafen zu entspannen ODER ich FÜRCHTE mich, ALBTRÄUME ZU BEKOMMEN (ebd.) Sobald ich anfange zu träumen, wache ich auf, AUS ANGST, DER TRAUM WERDE SICH ZU EINEM TRAUMATISCHEN ALBTRAUM ENTWICKELN. Ausserdem neige ich zu ÜBERWACHSAMKEIT, SCHRECKHAFTIGKEIT UND RUHELOSIGKEIT (ebd.), was Corona mit meiner Psyche gemacht hat. Wie kann ich mir helfen? Die Corona-Maßnahmen wirken sich auf meine Psyche aus. Angst, Stress und Depressionen nehmen zu. Seit über einem Jahr greift Corona in mein Leben ein. Das öffentliche Leben ist eingeschränkt, und auch privat muss vieles anders laufen. Hinzu kommt die dauernde

Angst vor der ständigen Veränderung der Corona-Krise, die mein ganzes soziales Leben verändert. Gerade im Lockdown war ich ganz auf mich alleine gestellt und hatte wenig soziale Kontakte. Ich habe ein Enge- und Taubheitsgefühl in meiner Brust und muss acht- geben, dass sich meine Seele nicht in eine Betonwand verwandelt. WENN DIE SEELE WEINT, BEGINNT DER KÖRPER ZU SCHREIEN (Sabine Lindner).

UNSERE SEELE WILL GELIEBT WERDEN UND SO GESEHEN, WIE SIE WIRKLICH IST. OFT AUS SCHAM ODER UNGESUNDEN GEDANKENMUSTERN VERSTECKEN WIR UNS HINTER EINER FASSADE, DIE DANN DIE VOM GEGENÜBER ENTGEGENGEBRACHTE ZUNEIGUNG ABFÄNGT. WEN WUNDERT ES DA, DASS WIR SELBST HINTER DIESER FASSADE REGELRECHT VERHUNGERN. JEDES SYMPTOM, JEDE BLOCKADE, JEDES MUSTER, JEDER SCHMERZ HAT EINEN URSPRUNG. DER KÖRPER FUNGIERT ALS BAROMETER FÜR DIE SEELE UND ZEIGT AN, WO UNSERE UREIGENENE BEDÜRFNISSE UNERFÜLLT BLEIBEN (N. Langenberg).

Am 12. April 2021 vormittags saß ich an meinem Bildschirm, um an meinem Buch zu schreiben. Plötzlich stürmten zwei Männer in Armee-Uniform in mein Zimmer. Der eine stand an der Tür, als ob ich flüchten könnte, der andere kam mit mehreren Blättern Papier in der Hand, legte sie mir auf den Tisch und sagte: „Hier unterschreiben und in einer halben Stunde unten sein zum Impfen!" Ich fragte, ob ich es lesen könnte. „Nein", sagte er, „unten zum Impfen!" In mir ging etwas vor, irritierend, Angst und Panik. Es war so schrecklich, dass ich wie betäubt war. Es ließ mir keine Ruhe, weil ich wissen wollte, was ich da unterschrieben hatte. Also dachte ich, ich rufe meinen Sohn an und sage ihm, er solle sich das zuschicken lassen, was ich da unterschrieben hatte. Das Verhalten der beiden Männer ließ mir keine Ruhe vor Angst und Panik. Beim Impfen standen sie auch daneben. Unmöglich und erschreckend, was sich hier in der WG abspielte. Ich bekam das Gefühl, man nahm mir die Würde und meine Rechte. Die Corona-Zeit hat mich seelisch sehr zerstört. Unverzeihlich. Seelische Folter waren meine Gefühle und Gedanken. Angst, Einsamkeit und Panik. Ich traute mich nicht mehr raus. Die Masken haben mir Angst gemacht. Ich konnte kaum jemand verstehen, weil ich von den Lippen ablesen muss, was jemand sagt. Ich musste mich so zusammenreißen, um nicht verrückt zu werden oder meinen Menschenverstand zu verlieren. Ich war nahe daran. Ich habe von Anfang an gewusst, dass da etwas nicht stimmt mit Corona. Ja, die Corona-Maßnahmen schränken die Berührungen zwischen den Menschen ein. Ja, das ist ein herber Verlust und ein Mangel, der auch als solcher benannt werden muss. Warum überlassen sie das Feld der Liebe den Populisten? Und dann muss ich sie doch noch einmal fragen, was sie mit „unserer Demokratie" meinen. Die Freiheit haben wir bis heute nicht „zurückerobert", nicht einmal als Begriff. Wir haben sie einfach im Stich gelassen. Ist unsere Demokratie in Gefahr? Ich hoffe es nicht. Es macht mir Angst. Die Maskenaffäre zeigt die CDU als besonders korruptionsanfällig. Die Union gerät in der Maskenaffäre zunehmend unter Druck. Statt den politischen Gegner zu attackieren, ist die CDU derzeit vor allem mit sich selbst beschäftigt. Seit der vergangenen Woche wird wegen der Schutzmasken ermittelt: Korruption und Steuerhinterziehung. KORRUPTION IST DER MISSBRAUCH ANVERTRAUTER MACHT ZUM PRIVATEN NUTZEN ODER VORTEIL. OB BESTECHUNG ODER BESTECHLICHKEIT, IM INTERNATIONALEN GESCHÄFTSVERKEHR ODER IM EIGENEN LAND, OB KÄUFLICHKEIT IN DER POLITIK ODER DER VERSUCH, DURCH SCHMIERGELDER VORTEILE ZU ERLANGEN – KORRUPTION VERURSACHT NICHT NUR MATERIELLE SCHÄDEN, SONDERN UNTERGRÄBT AUCH DAS FUNDAMENT EINER GESELLSCHAFT. IN DEUTSCHLAND WURDE DAS PROBLEM DER KORRUPTION LANGE IGNORIERT. MAN SPRICHT BEI KORRUPTION OFT VON EINEM UNSICHTBAREN PHÄNOMEN, DENN ES GIBT NUR TÄTER:INNEN, MEISTENS ZWEI, DEN BESTECHENDEN UND DEN BESTOCHENEN. AN EINER AUFDECKUNG HABEN BEIDE KEIN INTERESSE UND SETZEN ALLES DARAN, IHR TUN ZU VERSCHLEIERN (transparancy.de). So schädigt Korruption das Grundvertrauen des Bürgers in Unabhängigkeit, Unbestechlichkeit und Handlungsfähigkeit des Staates, bzw. die Integrität der Wirtschaft. Bestechlichkeit im Gesundheitswesen, im geschäftlichen Verkehr und Wählerbestechlichkeit. Korruption ist ein Übel. Es geht um Verderben und Vernichten. Z.B. im Bereich der Pflege. MEHR ALS 60 MILLIARDEN FLIESSEN PRO JAHR IN DIE PFLEGE. TROTZDEM GIBT ES ZU WENIG PERSONAL, SCHLECHT VERSORGTE PATIENTEN UND VIELE BETRÜGEREIEN. WAS LÄUFT DA SCHIEF? (Nadine Oberhuber). Wir bekommen keine der Abrechnungen zu sehen, mit denen Pflegedienste ihr Geld bei den Kassen einfordern. Ob z.B. darauf steht, dass dreimal täglich ein Betreuer bei Ihnen vorbeischaut, obwohl höchstens zweimal jemand kommt, das erfahren Sie nicht. Es wird sich um nichts gekümmert. Kein Betreuer kommt. Sie müssen dafür betteln, dass Sie ihr Taschengeld bekommen. Keiner ist dafür zuständig. Sie werden ganz allein gelassen. Nicht alle Angehörigen fordern Einsicht in die Unterlagen.

Mai 2021

Mir geht es immer noch schlecht nach der Impfung. Deswegen bin ich froh, dass ich ins Krankenhaus gehe. Ich werde versuchen, auf die Palliativ-Station zu kommen. Heute Nacht hatte ich einen schönen Traum. Meine liebe Elisabeth aus der Schweiz kam mich im Krankenhaus besuchen, saß an meinem Bett und sagte: „Regina, Regina aufwachen. Ich bin's, Elisabeth." Als ich aufwachte, fiel ich ihr um den Hals, so sehr freute ich mich. Dann sagte sie zu mir: „Lass' uns in den Park gehen, Picknick

machen." „Ja", sagte ich, „ich ziehe mich nur schnell an."
Wir gingen in den Park, legten eine Decke auf die Wiese,
und sie hatte Leckereien mit. Dann wachte ich auf und
war traurig. Ich habe oft schöne Träume. Ich wünschte
mir nur, sie würden wahr werden. Übermorgen ist die
zweite Impfung, und ich habe Angst. Wegen der Freiheit
nehme ich alles in Kauf, selbst die Gefahr für mein Leben. Die Corona-Zeit hat mich seelisch sehr zugerichtet.
Aus dieser Flucht zu entfliehen, wäre der Tod der einzige
Weg, frei von allem. Ständig die Angst um meine Freiheit, die mir das Liebste und Heiligste ist.

Gestern war ich in der Pettenkoferstraße, und als ich
dann nach Hause fuhr, hatte ich so ein Gefühl, als sei es
das letzte Mal gewesen. Mein Wunsch war immer: Stirbt
die Natur, dann gehe ich mit ihr mit.

Gestern war ich im Supermarkt einkaufen. Ich
brauchte Kosmetik und Honig. Als ich an der Kasse
stand, natürlich in einer langen Schlange, guckte ich mich
um und entdeckte Lutscher mit Erdbeer- und Himbeer-
geschmack. Da fiel mir etwas aus meiner Kindheit ein. In
dem Heim Altencelle sind wir am Sonntag meistens in
Zweierreihen durch die Stadt Celle gelaufen, es ging
durch einen Weg, der Schneede genannt wurde, in Richtung Stadt. Auf der rechten Seite des Weges gab es ein
Haus mit roten Gardinen und rotem Licht, Tag und
Nacht. Darüber habe ich mich gewundert, denn ich wurde oft abends zum Ohrenarzt gefahren, dadurch ist mir

das Haus in Rot aufgefallen. Dann gingen wir an der Diamantenfabrik vorbei, die wir öfters besichtigt haben. Ich will ehrlich sein: Wenn ich damals gewusst hätte, was Diamanten sind, hätte ich mir bestimmt heimlich einige eingesteckt. Dann mussten wir immer an der Kaserne bei den Franzosen vorbei, und die riefen wie im Chor: „Heimkinder, Linerhaus hat Ausgang" und pfiffen dabei. So bekannt waren wir. Mir war das so peinlich, ich senkte meinen Kopf, blickte zum Boden runter, und plötzlich sah ich einen Lutscher liegen. Den wollte ich jetzt unbedingt haben. Ich ging zurück, tat so, als ob ich einen Stein im Schuh hätte, hob ganz schnell den Lutscher auf und steckte ihn in meinen BH. Dann kam die Erzieherin und brüllte mich auf der Straße an, was ich da mache, ich solle schnell weiterlaufen. Ich sagte, ich hätte einen Stein im Schuh. Sie sagte, ich hätte Bescheid geben und um Erlaubnis fragen müssen. Mein Herz schlug so laut, und ich hatte Angst, ich könnte den Lutscher verlieren. Wir gingen weiter in Richtung Celler Schloss. Als wir vor dem Schloss standen, wurde uns gesagt: „Nichts anfassen!". Wir gingen rein. Ich dachte, dass da alles aus Gold war. Da war ein großer Spiegel mit goldenen Blumen, und ich stand davor, betrachtete ihn und kam nicht weg. Dann kam die Erzieherin und schimpfte mit mir. Ich fragte sie, ob ich auf die Toilette gehen dürfte. „Ja", sagte sie, „aber nicht so lange!" Ich ging in die Toilette rein, schloss hinter mir die Toilettentür und nahm den Lutscher aus meinem BH. Ich lutschte im Stehen und Sitzen und vor lauter Lutschen vergaß ich die Zeit. Auf einmal klopfte es an der Toilettentür. Die Erzieherin schrie: „Aufmachen!" Ich nahm voller Panik und Angst den Lutscher und steckte ihn, so klebrig er war, in meinen BH. Als ich rauskam, zog mich die Erzieherin an den Ohren und meinte, sie müsse es melden, dass ich nicht gehorchte. Ich dachte nur: Du olle Petze. Angst hatte ich schon. Denn wenn sie es melden würde, würde ich zur Strafe eingesperrt werden, ohne Essen. Davor hatte ich Angst. Und so kam es auch. Ich hatte Glück, dass der Sonntag schon fast zu Ende war und ich nur ein paar Stunden im dunklen Keller stand. Es gab keinen Stuhl. Ich lief immer hin und her und sang Kirchen- oder Volkslieder. Oder ich sprach mit mir selber. So verging die Zeit. Das ist die Geschichte von einem Lutscher. Heute würde ich keinen mehr von der Straße aufheben. Es wurde uns auch verboten, vom Fußboden zu essen. Wenn dir in der Küche z.B. eine Kartoffel oder ein Keks auf den Fußboden fiel, mussten wir sie wegschmeißen. Wenn du dich gebückt hast, um es aufzuheben, bekamst du Schläge auf den Hinterkopf. Das ist für mich heute immer noch gegenwärtig. Hätte die Erzieherin gesehen, dass ich den Lutscher aufhob, o weiha, dann hätte ich Schläge bekommen und eine lange Einsperrung.

Die Impfung hat meinen Körper aus den Fugen gebracht. Eine ganze Woche lang lag ich krank im Bett. Ich dachte schon, ab ins Krankenhaus. Kopfschmerzen, so stark, dass ich dachte, mir platzt der Schädel, kaum Luft, schwindlig, Schüttelfrost, ständig müde, schlapp. Jetzt geht es mir entschieden besser. Aber Angst und Panik bleiben. Das hätte ich nicht gedacht, dass so eine Impfung so qualvolle Auswirkungen hat, Jetzt habe ich Angst vor der zweiten Impfung, dass sich das wiederholt. Das lässt mir keine Ruhe. Mir geht es besser, aber ich fühle mich immer noch schwindlig und müde. Ich habe viele Vitamine zu mir genommen wie z.B. Zitronen, Feigen und Tees. Alles Mögliche habe ich für meine Genesung getan.

Heute geht es mir mit dem Kreislauf nicht mehr so gut. Morgen gibt es die zweite Impfung. Ich habe Angst. Ich fühle mich nicht mehr frei. Alles mit Zwang und Druck. Zwang kann die Hölle im Kopf sein. Heute habe ich wegen Corona zum Beispiel Angst, dass mir jemand etwas antut, weil ich mit meinem Sauerstoff unterwegs bin. Mein normales Leben ist so beeinträchtigt, dass ich darunter leide. Ich bilde mir das auch nicht nur ein. Einmal ging der Fahrstuhl beim S-Bhf. Zehlendorf nicht, und ich musste die Treppe nehmen. Ich fragte einen jungen Mann, ob er mir – bitte – helfen könnte. Er antwortete: „Nein", es könnte ja sein, dass der Rollator mit Corona infiziert sei. Ich war baff und dachte, ich hör' nicht richtig. Und gleichzeitig fühlte ich mich sehr gekränkt. Wie kommt er auf so etwas? Corona hat viele Gesichter. Als ich im Heim mit 10 Jahren an TBC erkrankt war, wurde alles untersucht, aber so ein Aufwand wurde nicht gemacht. Es war für mich eine schlimme Zeit, ein Jahr im Glaskasten, angeschnallt und eingesperrt. Ich dachte, so etwas würde es nicht noch einmal geben. Nun habe ich das Gefühl, es ist heute genauso, nur anders. So langsam ersticke ich an Verboten und Zwang. Man muss ganz schön aufpassen, was man noch machen darf. Wie weit darf ich mich bewegen? Was darf ich tun? Allerdings mein Denken bleibt mir noch erlaubt, solange ich nicht jedem erzähle, was ich denke. Sagt man etwas, kann es zu einer Gefahr werden. Also schweig!

Ich bin am Packen für's Krankenhaus. Solange Corona ist, werde ich mich im Krankenhaus freier fühlen. Das wünsche ich mir. Ich möchte mich bei denen, die mir zur Seite standen, herzlich bedanken. Ich werde euch nicht vergessen. Ich habe keine Angst zu sterben, aber ich habe Angst, euch zu verlieren, weil ich euch, die mir sehr nah waren und mir zur Seite standen, sehr liebe. Ihr habt mir geholfen, dass meine Wege frei von Steinen sind. Wie schön es ist, liebe Menschenmit einer helfenden Hand zu haben. Ich möchte mich bei euch bedanken, dass ihr für mich da wart. Ich danke euch für eure Zeit. Ich wüsste nicht, wo ich ohne euch bliebe. Ich danke euch für all die Liebe. Ihr seid unschätzbar wertvoll. Ohne euch Lieben hätte ich vieles nicht geschafft. Dafür will ich danke sagen. Gar nicht auszumalen, was ich ohne euch wäre.

Danke, dass ihr mit offenem Ohr und guten Ratschlägen immer für mich im Einsatz und da wart. Mein Dank geht auch an meine beste Freundin E. aus der Schweiz und an A., die mir in den Zeiten, wo ich unschuldig in Quarantäne eingeschlossen war, sehr geholfen, mich versorgt und mir zur Seite gestanden haben. Ich habe Angst, dass ich mich von euch nicht richtig verabschieden kann. Es liegt mir sehr am Herzen, mich von allen, die ich erwähnt habe, zu verabschieden, bevor ich den Weg ins Reich der Sterne gehen werde. Die neue Freiheit hat gesiegt. Meine Seele hebt mit Flügeln ab wie der Vogel in die ewige Freiheit.

09.06.2021 (*Botschaft an die Mitglieder des Vereins ABH e.V.*)

Ich möchte mich bei Euch allen, die ich sehr liebe, bedanken für Eure große Hilfe und Unterstützung. Ich habe einen Weg gewählt, den ich jetzt gehe, so schmerzhaft er ist. Aber es geht mir darum, das Leid zu beenden und nicht das Leben. Ich befreie mich nur aus diesen schmerzlichen Höllenqualen, die für mich unerträglich sind, erlöse mich und freue mich auf den Tod, wenn er zu mir kommt. Vielen Dank an Euch alle. Ich habe Euch lieb und ich werde bis zum letzten Atemzug an Euch denken und lieben.

21.06.2021

Hilfe, das Sterben ist eine Höllenqual. Zuerst denkst du, gut, das macht ja nichts, einfach nichts mehr essen und nichts mehr trinken – am 04. Juni habe ich damit angefangen. Jetzt ist alles durcheinander. Ich bin am Ende. Meine Augen schmerzen, Keiner ist bei dir, also man stirbt doch einsam und allein. Auf eine Art ist es schön zu sterben, auf eine Art sehr qualvoll. Den Hunger besiegst du schneller als den Durst. Wie schön der Abschied von dem Vogelgezwitscher vor meinem Balkon. Herrlich. Ein Geschenk des Himmels. Ja, der Durst ist das grausamste bei der Sache. Du quälst dich sehr lange, bis du den Durst besiegt hast. Du merkst, es geht langsam voran. Keiner schaut bei mir rein, nur mal eine Nachtschwester und das war's. Mein Rücken ist wundgelegen und schmerzt. Die Ärztin übersieht das.

02.07.2021

Eigentlich hat der Tod auch etwas Gutes. Er ist ein Motor für den Wandel des Lebens. Er beseitigt das Alte und schafft Raum für das Neue. JEDER MUSS IRGENDWANN STERBEN, nur spricht nicht jeder gerne darüber. Viele Menschen SCHWEIGEN DARÜBER, WEIL SIE DIE JÜNGEREN NICHT BELASTEN WOLLEN – UND MANCHMAL AUCH, WEIL SIE BESCHÄMT SIND ÜBER IHRE EIGENEN ÄNGSTE. ES TUT GUT, ÜBER DEN TOD ZU REDEN. WEIL MAN IHN DAMIT, ZUMINDEST EIN STÜCK

WEIT, GEMEINSAM AKZEPTIERT. WEIL SOLCHE GE-
SPRÄCHE EIN GEFÜHL DER ZUSAMMENGEHÖRIGKEIT
BEFÖRDERN – ALS MENSCHEN. WIE FÜHLT ES SICH AN,
AM ENDE DES LEBENS NACH VORN ZU SCHAUEN? DER
TOD VERLIERT FÜR VIELE ALTE MENSCHEN AN SCHRE-
CKEN. (Mena Kost)

> Regina Kantelberg ist in der Nacht
> vom 12. zum 13. Juli im Schlaf gestorben.